JULIA ONKEN

Herrin im eigenen Haus

Buch

Wer meint, die Frauenbewegung hätte es längst geschafft, dass Frauen gleichberechtigt in Gesellschaft und Beruf etabliert sind, der irrt gewaltig. Noch immer bestimmt das männlich-dominierte Denken, was Weiblichkeit ist, noch immer fühlen sich Frauen viel zu oft minderwertig, unzufrieden und zutiefst verunsichert und verharren in belastenden Beziehungen. Die bekannte Psychologin und Bestsellerautorin Julia Onken geht in diesem Buch der Frage nach, warum Frauen an mangelndem Selbstbewusstsein leiden, warum sie sich in ihrem Selbst nicht zu Hause, sich nicht als Herrin ihrer selbst fühlten. Sie appelliert an alle Frauen, Stellung zu beziehen, ihren häufig verschütteten Wünschen und Bedürfnissen nachzuspüren und sich ihrer ureigenen Stärken bewusst zu werden. Ein engagiertes und kämpferisches Buch zu einem Thema, von dem vor allem Männer glauben, es gehöre längst der Vergangenheit an.

Autorin

Julia Onken, geboren 1942, arbeitet als Psychologin und Therapeutin. Sie ist Gründerin und Leiterin des »Frauenseminars Bodensee« und leitet seit vielen Jahren Aus- und Weiterbildungskurse sowie Paarseminare. Ihre Bücher »Feuerzeichenfrau«, »Geliehenes Glück«, »Vatermänner«, »Spiegelbilder« und »Kirschen in Nachbars Garten« waren sämtlichst Bestseller.

Von Julia Onken ist bei Goldmann außerdem erschienen:

Spiegelbilder (16999)
Die Kirschen in Nachbars Garten (15026)

Julia Onken

Herrin im eigenen Haus

Weshalb Frauen
ihr Selbstbewusstsein verlieren
und wie sie es zurückgewinnen

GOLDMANN

FSC

Mix
Produktgruppe aus vorbildlich
bewirtschafteten Wäldern und
anderen kontrollierten Herkünften

Zert.-Nr. SGS-COC-001940
www.fsc.org
©1996 Forest Stewardship Council

Verlagsgruppe Random House FSC-DEU-0100
Das FSC-zertifizierte Papier *München Super* für dieses Buch
liefert Arctic Paper Mochenwangen GmbH.

7. Auflage
Vollständige Taschenbuchausgabe Oktober 2001
Wilhelm Goldmann Verlag, München,
in der Verlagsgruppe Random House GmbH
© 2000 der Originalausgabe
C. Bertelsmann Verlag München,
in der Verlagsgruppe Bertelsmann GmbH
Umschlaggestaltung: Design Team München
Umschlagabbildung: Zefa/SIS (006.9778-58/01)
Druck und Bindung: GGP Media GmbH, Pößneck
KF · Herstellung: Sebastian Strohmaier
Printed in Germany
ISBN: 978-3-442-15133-2

www.goldmann-verlag.de

INHALT

Schwesternstreit

Zurück zum Anfang

Kein Anschluss unter dieser Nummer

VORWEG

Mangelndes Selbstbewusstsein hat viele Gesichter. Die meisten Frauen kennen das Gefühl der Verunsicherung, das sich auf verschiedenste Bereiche erstreckt und sich oft nicht klar umreißen und benennen lässt.

Mangelndes Selbstbewusstsein zeigt sich darin, dass Frauen ihre Fähigkeiten anzweifeln und nicht wagen, ihre Talente und Begabungen zu entwickeln und umzusetzen. Es zeigt sich darin, dass Frauen oft in einem Begabungsstau gefangen sind, nicht mehr hinausfinden und entweder unter chronischer Unzufriedenheit leiden oder depressiv werden.

Mangelndes Selbstbewusstsein zeigt sich darin, dass Frauen in toxischen Beziehungen ausharren, sich wie besessen um Verbesserung und Auseinandersetzung kümmern, einen Krisenmarathon nach dem anderen durchstehen und immer noch davon überzeugt sind, etwas falsch zu machen. Mangelndes Selbstbewusstsein zeigt sich darin, dass Frauen ihr Bestes geben und dafür das Geringste an Lob, Anerkennung und Lohn erhalten und darüber hinaus diese Unverhältnismäßigkeit von Aufwand und Ertrag als gerechtfertigt hinnehmen.

Mangelndes Selbstbewusstsein zeigt sich aber auch darin, dass Frauen höchste Leistungen erbringen und dennoch an ihrer Kompetenz zweifeln. Es zeigt sich im hin und her Pendeln zwischen Größenfantasien, alles schaffen zu müssen, alles im Griff zu haben, und andererseits einem abgrundtiefen Unwerterleben, zu nichts zu taugen. Es zeigt sich aber auch im unermüdlichen Streben nach Perfektion, sei es einer perfekt funktionierenden Familie, der perfekten beruflichen Ausübung oder dem steten Drang, einen perfekten Körper zu erlangen.

Und letztlich zeigt sich mangelndes Selbstbewusstsein auch darin, nach außen stets Stärke, Autonomie und Selbstsicherheit zu demonstrieren, von niemandem Hilfe zu erwarten oder gar in Anspruch zu nehmen, was letztlich nur die Rückseite ein und derselben Medaille ist, nämlich der tiefen Verunsicherung des eigenen Selbstwertes.

Und schließlich wird mangelndes Selbstbewusstsein darin dokumentiert, dass Frauen den Mund halten und die Zähne zusammenbeißen, statt selbstsicher und selbstbewusst ihre Meinung zu vertreten und zu kämpfen.

Um es gleich vorwegzunehmen: Frauen, die unter mangelndem Selbstbewusstsein leiden, sind durchaus normal. Sie entsprechen der Norm.

Die Entwertung der Frau hat Tradition. Patriarchale Strukturen haben dafür gesorgt, dass weibliche Stärken in beinahe allen Bereichen durch einen systematischen Entwertungsprozess ihre ursprüngliche Kraft eingebüßt haben oder bis zur Unkenntlichkeit entstellt worden sind.

Ein gesundes Selbstbewusstsein zu bilden hängt davon ab, ob ein Gefühl des eigenen Selbstwertes entwickelt werden konnte. Ein Kind erlebt sich und seine Wertigkeit im Spiegel der Beantwortung, wie seine ersten Bezugspersonen auf es reagieren. Diese Erfahrungen bilden die Basis. Durch die Reaktion seines erweiterten sozialen Umfeldes lernt es im Lauf des Heranwachsens mehr über seinen Wert. In unserer patriarchalen Ordnung wird Weiblichkeit zur männlichen Dienst- und Nutzbarkeit instrumentalisiert oder funktionalisiert. Dies wirkt wie eine Gehirnwäsche und führt dazu, dass sich ein heranwachsendes Mädchen als grundsätzlich unwert und nicht richtig fühlt.

Wir verfügen noch immer nicht über ein breites Spektrum weiblicher Rollen, in denen im vollen Umfang weibliche Fähigkeiten zum Ausdruck gebracht werden können. Es mangelt an geeigneten Vorbildern, die einem Mädchen zeigen, wie sich eine Frau ihren eigenen Neigungen und besonderen Begabungen gemäß entwickeln und ausbilden kann. Im weiblichen Lebensentwurf gilt für viele immer noch als sichere Nummer, garantiert Anerkennung zu finden: wenn die Frau grundsätzlich bereit ist, entweder sexuell stimulierend zu agieren oder versorgerische, pflegerische und zudienende Funktionen zu übernehmen. Und damit bleibt sie in altbewährter Tradition stecken und vor allem in den damit verbundenen Einengungen und Beschneidungen.

Wer also unter mangelndem Selbstbewusstsein oder überdimensioniertem Streben nach Perfektion leidet, ist nicht etwa »falsch gewickelt« oder krank. Im Gegenteil: Es ist der Beweis eines hohen Maßes an psychischer Gesundheit, auf krank machende Umstände auf diese Weise zu reagieren. Es illustriert eindrücklich, dass wir ein tiefes Wissen oder ein Erinnern an unseren Selbstwert in uns tragen, den wir alle von der Schöpfungsintelligenz als Geschenk erhalten haben. Die Missachtung dieses Geschenkes lässt uns leiden und zwingt uns zu reagieren. Wir nehmen es also nicht einfach hin, uns das, was wir als Kostbarstes besitzen, durch Geringschätzung entwerten zu lassen. Somit sollte das Leiden an mangelndem Selbstbewusstsein als ein durch und durch gesunder Impuls verstanden werden, über den wir uns sogar freuen könnten.

Wenn eine Kaffeemühle nur rattert und keine Bohnen mahlt, lesen wir die Gebrauchsanweisung. Wenn der Computer streikt, holen wir den Informatiker. Wenn wir aber psychisch in Bedrängnis geraten und es uns beinahe nicht mehr möglich ist, unser Leben auch nur einigermaßen zufrieden stellend zu gestalten, gehen wir möglicherweise davon aus, dass es sich um einen individuellen Defekt handelt, der aufgrund unseres schlechten Grundmaterials nicht zu beheben ist.

Ein typisch weibliches Verhaltensmuster ist die Selbstbezichtigung. Wir werfen uns vor, keine Kaffeebohnen zu mahlen, ohne nachzusehen, ob sich die Messer überhaupt bewegen können. Und sollten wir feststellen, dass die Messer stumpf, blockiert oder womöglich überhaupt nicht vorhanden sind, fühlen wir uns dennoch schuldig. Die meisten Frauen zeigen eine hohe Bereitschaft, Schuldgefühle zu übernehmen. Bei einigen geht es gar so weit, dass sie Schuldgefühle entwickeln, wenn sie sich gut fühlen und mal nicht schuldig fühlen. Und genau das Sichschuldigfühlen hindert uns daran, genau hinzuschauen, lässt uns unseren Blick zu Boden senken, bevor wir uns selbst verstanden haben.

Es gibt Verhaltensweisen, die ohne Gebrauchsanleitung für die Kaffeemühle nicht zu verstehen sind, und allfällige funktionale Störungen lassen sich nicht beheben. Es ist zweifellos einfacher und liegt durchaus im Sinne einer patriarchalen Ordnung, wenn sich Frauen weiterhin im leicht narkotisierten Zustand befinden und den Ursachen nicht auf die Schliche kommen. Damit ist gewährleistet: Je weniger wir über uns wissen, desto weniger entdecken wir unsere Begabung, unsere Stärke und unser tiefes inneres Wissen. Je mehr es uns aber gelingt, die tieferen Zusammenhänge zu begreifen, die dazu führten, dass wir unser Selbstbewusstsein und unsere Selbstsicherheit verloren haben und uns dabei selbst abhanden gekommen sind, umso klarer erkennen wir, was zu tun ist, um wieder zurückzufinden.

Es ist ein langer und oft mühsamer Weg. Seit sich Frauen über die ihnen zugedachte Rolle und ihre Lebenssituation äußern sowie ihr Unbehagen und auch ihre Wut zu artikulieren beginnen, sind geschlechtsspezifische Selbstverständlichkeiten ins Wanken geraten. Die Frauenbewegung hat inzwischen einiges bewegt. Vieles aber von dem, was Frauen bewegt, bleibt noch immer in alten unbeweglichen Mustern stecken, an denen sowohl von Männern als auch von Frauen hartnäckig festgehalten wird. Das Patriarchat sitzt noch immer fest im Sattel, die Entwertung und Diskriminierung der Frau hält an. Klar ist, dass auf Privilegien nicht freiwillig verzichtet wird, und klar ist ebenfalls, dass es vielen Frauen nicht leicht fällt, sich auf eine kritische Sichtweise einzulassen, denn zu vieles geriete wahrscheinlich aus den Fugen. Und manchmal ist es überhaupt nicht möglich, sein eigenes Leben und die Verflechtungen mit der patriarchalen Ordnung und die damit verbundenen Verletzungen und Kränkungen einer kritischen Analyse zu unterziehen. Das, was dabei ans Tageslicht kommt, wäre zu schmerzlich. Ich habe Verständnis dafür.

Meine eigene Geschichte hat mich Nachsicht gelehrt. Obwohl ich mich seit Jahrzehnten mit Frauenthemen beschäftige, entdecke ich immer wieder neue Bereiche, die ich in dunkle Nischen verbannt habe. So enthüllt sich mir erst allmählich das Drama »Frausein« in seiner ganzen Tiefenwirkung; was es beudetet, eine Frau in dieser Gesellschaft zu sein. Hätte ich nicht die Möglichkeit gehabt, mich diesem Thema in kleinen Schritten zu nähern, hätte ich wahrscheinlich dem Ausmaß der vielen erlittenen Kränkungen und Verletzungen nicht standhalten können. Zudem musste ich zuerst einen Kreis von Frauen um mich wissen, von denen ich mich in schmerzlichen Momenten der Bewusstwerdung begleitet fühlte.

Damit wir uns recht verstehen: Ich war als Mädchen weder männlicher Gewalt ausgesetzt, noch habe ich sexuellen Missbrauch über mich ergehen lassen müssen. Ich spreche von den ganz alltäglichen Verletzungen, von den selbstverständlichen Verstümmelungen, die sich in aller Öffentlichkeit und ohne Aufsehen zu erregen ganz natürlich ereignen. Es ist noch nicht lange her, als ich an einem sonnigen Sonntag in meinem Liegestuhl Christa Mulacks Buch »Das Mädchen ohne Hände«[1] las. Hinterher kotzte ich die ganze Nacht.

Einige Autorinnen haben bei mir Hebammendienst geleistet und mir geholfen, Abgeschobenes, Ausgegrenztes in mir freizuschaufeln und wieder ins Bewusstsein zu bringen. Sie sind meine engsten Vertrauten, meine Freundinnen – auch wenn ich sie persönlich nicht kenne. Und jene Frauen, mit denen mich zum Teil eine jahrzehntelange innige Freundschaft verbindet, haben mir unendlich geholfen. Ich habe mich dank ihrer Begleitung auf den Weg machen können, um mich mir wieder anzunähern und zu mir zurückzufinden. Manchmal irrte ich im Kreis oder ging im Zickzackkurs. Immer aber fühlte ich mich von weiblichen Helferinnen beschützt.

Ich weiß, dass eine innere Heilung vorwiegend durch die Begleitung anderer Frauen möglich wird. Nicht weil ich den Mann ausgrenzen will, sondern weil der Mann einen grundsätzlich anderen Erfahrungshintergrund mitbringt und er sich durch die oft heftig ausbrechende Wut, die der Dominanz und Herrschaft der Männer über die Frauen gilt, persönlich angegriffen fühlt und sich als Verursacher erlebt – auch wenn er sich in seiner persönlichen Lebensführung von patriarchalem Gehabe weit distanziert. Schließlich gibt es viele Männer, die durch das Patriarchat selbst schwer geschädigt, gedemütigt und gekränkt wurden, denen die Auseinandersetzung ein mindestens ebenso großes Anliegen ist. Aber sie haben eine andere Geschichte, denn sie gehörten trotz allem immer dem Geschlecht der Sieger an. Und vielleicht ist es auch gut, wenn wir uns zunächst geschlechtsspezifisch in den eigenen Reihen auseinander setzen, uns gegenseitig schwesterlich begleiten und unsere Verletzungen aufarbeiten. Nicht um den Mann auszugrenzen, sondern um uns abzugrenzen, um unser Eigenes, unsere Weiblichkeit besser zu fühlen. Nicht um auf eine Geschlechtertrennung hinzustreben, sondern um letztlich eine echte gleichberechtigte Partnerschaft anzustreben, frei von biografischen Rückständen und Überlagerungen.

Weil mir aus meiner eigenen Geschichte bewusst geworden ist, wie wichtig Frauen für Frauen beim Verarbeiten seelischer Verletzungen sind, ist es mir ein Anliegen, dasjenige, was ich an Zuwendung und Hilfe erfahren habe, an andere Frauen weiterzugeben.

Mein Ziel ist es, aufzuzeigen, was dazu geführt hat, dass wir unser Selbstbewusstsein, unser Selbstwertgefühl und die Fähigkeit, uns selbst zu behaupten, verloren oder teilweise eingebüßt haben, und was wir tun müssen, um alles zurückzugewinnen.

Ich werde hier auch anhand eigenen Erlebens das Kleine Einmaleins der Psychologie vorstellen, also so eine Art Minimalanleitung für die Kaffeemühle. Daraus werden sich auch die Hintergründe ableiten lassen, weshalb es immer noch Frauen und viele Männer gibt, die daran interessiert sind, dass Frauen weiterhin ihre Fähigkeit zu Selbstbestimmung und Autonomie ungenutzt lassen.

Noch etwas in eigener Sache. Wenn ich hier, wie auch in meinen anderen Büchern, eigene Beispiele erzähle, so ist mir die Gefahr bewusst, falsch interpretiert zu werden. Man könnte mir meine Offenheit als Drang zur Selbstdarstellung auslegen oder gar als neurotisches Bedürfnis, narzisstische Pirouetten zu drehen. Die Fürsorge um mein Seelenheil ist überflüssig. Wenn ich eigene Beispiele erzähle, dann hat das andere Gründe. Erstens erlebe ich das Schreiben wie ein Gespräch. Viele Frauen haben Ähnliches erlebt. Ich plaudere also keine Geheimnisse aus. Es ist für viele ein Sich-Wieder-Erkennen, mit einer hilfreichen Distanz allerdings, die es ermöglicht, die eigene Situation besser zu überblicken und nötige Veränderungsschritte zu unternehmen.

Zweitens liegt es mir fern, mich hinter einer fachlichen Fassade zu verstecken. Ich will mich als Verfasserin dieses Buches so zu erkennen geben, wie ich bin. Und dazu gehören meine Unzulänglichkeiten, mein Bemühen und Ringen, Erkenntnisse in Handlungen umzusetzen. Und dazu gehört selbstverständlich auch das Eingeständnis, dass es wohl zum Leben gehört, etwas theroretisch begriffen zu haben und trotzdem immer noch in alten Mustern herumzutappen. Die eigenen Geschichten, die ich erzähle, sind allesamt ausgelitten, unerfüllbare Wünsche ausgehofft, Hader und Bitternis längst vergangen und ausgetrocknet.

FREMD IM EIGENEN HAUS

Achtung, bissiger Hund

Frederic geht heute Abend zum Karate. *Huck! Zack!* Arme und Beine durch die Luft schleudern, den Fuß mit Schwung ins gegnerische Gesicht schmettern. »Du solltest die schüchternen Häschen aus der Anfängerklasse sehen! Bereits nach einem halben Monat haben sie einen anderen Blick. Nach zwei Monaten blicken sie kühn. Und ein halbes Jahr später kommt ihnen kein Mann mehr zu nahe.«

Frederic will mich seit langem dazu überreden, an einem Karatekurs teilzunehmen. Ich will nicht. »Schließlich bin ich Psychologin, kümmere mich um Hintergründe und schlüssele Zusammenhänge auf«, argumentiere ich. »Eben«, erwidert er, »man sieht ja, wie weit du damit kommst.«

Der Abend wird lang ohne ihn. Alleine zu Abend essen. Mit dem Hund spazieren gehen. Aber schließlich sind HundebesitzerInnen gegen Alleinsein gefeit. Da schnauft und keucht stets ein warmer Atem in die Nacht, wenn das Bett nebenan leer bleibt, oder am Sonntagmorgen, der da festlich vor einem liegt, so trostlos heiter, wenn feierlich aufkeimende Gefühle nicht mit einer anderen Menschenseele geteilt werden können. Da tröstet die feuchte Hundeschnauze, und die Hundehaare im Tee und am schwarzen, frisch gereinigten Kostüm nerven köstlich.

Wir drehen unsere Runden. Gehen stets zur gleichen Uhrzeit die gleichen Wege.

Der feuchte Nebel mag nicht so recht zur Jahreszeit passen. Schemenhaft zeichnet sich ein nahendes Auto ab. Es hält an. Etwas kleines Vierbeiniges hüpft heraus. Es ist noch viel zu früh, um meinen Schäferhund an die Leine zu legen. Der über zweijährige Tierheimaufenthalt hat sein Aggressionspotenzial derart gestärkt, dass er auf alle anderen Hunde stürzt, mörderisch rauft und vor allem zubeißt. Ich bin also vorsichtig, will nichts riskieren, nehme ihn früher als nötig an die dicke Leine und halte sie mit beiden Händen fest.

Der Hundebesitzer kommt näher, vor ihm kaspert der kleine Fox herum, hüpft vergnügt vor ihm her. Und ehe ich mich umsehe, springt der niedliche Hund auf uns zu, ich will ihn abwehren, er aber fasst es wohl als besondere Einladung auf und landet direkt meinem Hund vor den Füßen.

Der Rest vollzieht sich schnell: Rony beißt mitten in das Tier hinein, das Blut spritzt, er wirft seinen großen Kopf hin und her und schüttelt den verletzten Hund, der in seiner Schnauze wie ein lebloses Spielzeug hängt. Ich schlage schreiend mit der Lederleine auf Rony ein, was ohne jegliche Wirkung bleibt. Und mitten in diesem schrecklichen Kampf fällt mir ein, wie Frederic die ersten Überfälle von Rony auf andere Hunde noch zu einem akzeptablen Ende führen konnte, indem er am hinteren Lauf zog. Und genau das mache ich mit meiner ganzen Kraft. Rony versucht sein Gleichgewicht zu halten, derweil ihm der Fox aus der Schnauze fällt. Der Hundebesitzer greift sofort nach dem blutenden Tier, während ich Rony an der Leine nach Hause zerre, wo ich ihn einsperre und sofort zur Unglücksstelle zurückeile. Der Hundebesitzer versucht, das überall herausschießende Blut zu stillen. Er schreit, ich solle ein Auto herbeischaffen. Atemlos laufe ich nochmals zurück und hole meines. Wir versuchen vorsichtig, das schwer verletzte Tier auf den Rücksitz zu betten.

Beim Tierarzt wird geröntgt und genäht, und ich bezahle die Rechnung. Dann überreicht mir der Hundebesitzer seine Visitenkarte und verlangt die meine, da, so meint er, ich noch von ihm hören werde.

Zwei Wochen später überreicht er mir noch weitere Rechnungen, diejenigen einer chemischen Reinigung, einer Lederwarenboutique für eine neue Lederjacke und eines Schuhgeschäftes. Auch ich habe Mühe mit dem beigen Ledersitz in meinem Auto. Die Flecken sitzen tief.

Nachdem alle Rechnungen bezahlt sind, erzähle ich diese Geschichte beiläufig einem befreundeten Rechtsanwalt. Dieser klärt mich auf: Wenn ich meinen Hund an der Leine führe und ein anderer Hundebesitzer den seinen frei herumspringen lässt, ist der andere für alles, was geschieht, verantwortlich und muss für anfallende Schäden selbst aufkommen.

Im Nachhinein leuchtete es mir ein. In der akuten Situation aber verließ mich die Fähigkeit zu denken. Und warum? Weil ich blitzartig mein Selbstbewusstsein verlor. Das Selbstbewusstsein aber kann nur dann abhanden kommen, wenn es nicht tief genug verankert ist, wenn es in unseren Innenräumen nicht Platz genommen hat, sondern wie ein Schatten mal hier, mal dort herumhuscht. Da genügt ein leichter Windhauch, und es ist verschwunden. Es ist ein Gefühl, als wären wir uns abhanden gekommen, als wären wir nicht zu Hause. Wir verlieren die Orientierung und sind nicht in der Lage, einfache Sachverhalte realistisch einzuschätzen. Wie viele Frauen haben bereitwillig sofort Autoschäden bezahlt, weil einfach ein anderer überzeugt die Meinung vertrat, es sei ihre Schuld? Wie viele Frauen werden von ihren Vermietern aufgefordert, Zahlungen für irgendwelche Defekte zu leisten, die nicht gerechtfertigt sind?

Es scheint uns im Blut zu liegen, auf alle Fälle die Schuld

zu übernehmen. Und es gibt immer einen Grund, sich schuldig zu fühlen! Wir fühlen uns schuldig, wenn wir Kinder in diese Welt gesetzt haben, aber wir fühlen uns auch dann schuldig, wenn wir keine Kinder haben. Wir fühlen uns schuldig, wenn wir berufstätig sind, aber wir fühlen uns auch schuldig, wenn wir zu Hause die Kinder aufziehen und uns um den Haushalt kümmern. Wir fühlen uns grundsätzlich in der Erziehung unserer Kinder schuldig und übernehmen auch großzügigerweise den Schuldanteil des Ehemannes. Wir fühlen uns schuldig, wenn die Partnerschaft aus dem Ruder läuft, aber wir fühlen uns auch schuldig, wenn es uns gut geht (bei dem Elend auf der ganzen Welt!). Und auch in den Fragen globaler Probleme wie Weltkriege, Massaker, Ausrottung ganzer Volksgruppen in diesem Jahrhundert nehmen wir bereitwillig die Schuld auf uns – obwohl bekanntlich ausschließlich Männer dafür verantwortlich zu machen sind.

Totalverschnitt

Früher setzte ich stets die größten Hoffnungen in die Verwandlungskünste meiner Friseuse. Obwohl das Resultat immer zu wünschen übrig ließ – was nicht nur an ihr lag –, lieferte ich mich ihr immer wieder aufs Neue aus. Und als sie eines Tages auf die unglückselige Idee verfiel, meine halblangen blond-grau melierten Haare nicht nur pechschwarz einzufärben, sondern mir auch noch gleichzeitig eine Dauerwelle zu verpassen, stimmte ich ihrem Vorschlag experimentierfreudig zu. Schlimmer als der jetzige Zustand könne es ohnehin nicht mehr werden, dachte ich. Zudem, so spekulierte ich in meinen typisch weiblichen Denkmustern, könnte es meiner Partnerbeziehung nur gut tun, für etwas optische Abwechslung zu sorgen.

Ich war weder betäubt noch vermindert zurechnungsfähig, und doch ließ ich mit offenen Augen das Unglück zu. Jeden Handgriff beobachtete ich, mit welchem sich die systematische Verunstaltung vollzog. Nach drei Stunden verließ ich den Salon mit einer schwarzen Krause, die sich wie mattes Stroh um mein Gesicht kringelte. Ich setzte mich ins Auto und heulte. Zu Hause stellte ich mich unter die Dusche, shampoonierte, spülte und shampoonierte und spülte, mal heiß, mal kalt – die Krause blieb. Die Farbe ebenso.

Warum kann es zu derartigem Fehlverhalten kommen? Warum tappen wir stets erneut in die Falle, selbst dann, wenn uns längst klar geworden ist, dass wir uns anders verhalten sollten?

Es gibt grundsätzlich zwei große Fallen. Die eine ist: Ein anderer tritt auf und lässt keinen Zweifel daran aufkommen, dass er im Recht ist, es besser weiß, klüger ist, über eine bessere Ausbildung und größere Kompetenz verfügt. Dies genügt, und uns Frauen wankt der Boden unter den Füßen. Wir verlieren unverzüglich alles, was wir einst an Wissen gespeichert haben, und wir verlieren vor allem das Gefühl für uns selbst. Die Schaltzentrale setzt aus. Wir lassen uns selbst im Stich. Schließlich wissen es andere besser. Andere werden in unserer Vorstellung erhöht, während wir selbst zusammenschrumpfen. Wer selbstsicher von Frauen völlig unberechtigte Forderungen verlangt, gewinnt nicht immer, aber oft. Dieses Verhaltensmuster ist psychologisch gesehen höchst interessant und, wie wir noch sehen werden, in sich durchaus logisch begründet. Betrachten wir jedoch nur die Ebene, wie sich mangelndes Selbstbewusstsein nach außen hin zeigt, kann das Verhalten nicht verstanden werden – am wenigsten verstehen wir uns selbst.

Die zweite Falle konstituiert sich aus der größten Macht, die dem Patriarchat zur Verfügung steht. Bei den meisten Frauen hat die Gehirnwäsche geklappt, welche jedes Gefühl für den eigenen Selbstwert herausgebleicht hat. Wenn wir uns selbst als wertlos erleben, dann müssen wir uns wenigstens darum bemühen, dass andere unseren Wert zu schätzen wissen. Und genau dieses Bemühen lockt uns in diese Falle, aus der nur schwer wieder herauszufinden ist. Wir wollen gefallen. Möglichst allen. Sei es durch unsere Hilfsbereitschaft, allen zum Wohle zu gereichen, oder durch äußere Attraktivität. Abgesehen vom immensen Energieaufwand erleben wir die Hoffnungslosigkeit, nie ans Ziel zu gelangen. Zudem wird unsere ganze Intelligenz auf das Erreichen der Anerkennung zentriert und gelegentlich ganz außer Betrieb gesetzt. Falls noch ein klägliches Restchen übrig bleibt, können wir von Glück sprechen. Wir sind anfällig für dümmste Argumentationen und Versprechungen, die wir im Normalfall ohne weiteres als solche entlarven könnten. Vom innigen Wunsch beseelt, auf Zustimmung und Anerkennung zu stoßen und zu gefallen, setzt unser Denkvermögen aus.

Frauen sind nicht dumm – ober oft sind Frauen die Dummen.

Welche Frau kennt nicht das Gefühl, sich falsch zu verhalten, Falsches zu sagen, eine Situation nicht richtig einzuschätzen und grundsätzlich alles falsch zu machen? Obwohl uns im Moment der Aktion auch nicht so recht wohl bei der Sache ist, will es uns nicht gelingen, uns anders zu verhalten. Das Schlimmste ist, dass uns erst hinterher einfällt, was richtig gewesen wäre. Da viele von uns aber grundsätzlich ihren Gefühlen nicht vertrauen und wir alles daransetzen, mögliche nagenden Zweifel zu überhören, quälen wir uns im Nachhinein zusätzlich noch mit Selbstvorwürfen wie: »Warum habe ich nicht auf meine Gefühle gehört?«

Wenn Sicherungen durchbrennen, sind wir von unserer inneren Orientierung völlig abgeschnitten. Alles wird möglich.

Ich stehe unter großem Druck. Noch vier Wochen bis zum Abgabetermin eines Manuskriptes. Bis tief in die Nacht vor dem Computer. Wenig Schlaf. Dazwischen kurz die Beine an der frischen Luft vertreten. Meine Haushälterin macht ohnehin, was sie will. Ich habe keinen Überblick mehr und bin froh, wenn sie mich einfach nicht stört. Die meiste Zeit sitzt sie in der Küche und studiert Kochrezepte, die sie allerdings nie ausprobiert, weil sie lieber Fertiggerichte in die Mikrowelle schiebt. Oder sie rechnet auf winzigen Zettelchen aus, wie viele Stunden ich ihr noch zusätzlich für Feiertage und Sonstiges zahlen muss. Wenn wir auf Reisen sind, schreibt sie regelmäßig Überstunden auf, obwohl es weniger Arbeit gibt, als wenn wir hier sind. Ich bin ihr gegenüber bereits in eine unendliche Dankbarkeitsbeziehung hineingeraten, heilfroh, dass der ganze Haushalt auch ohne mich einigermaßen läuft, es immer Klopapier und Waschpulver im Haus gibt und dass regelmäßig die Bettwäsche gewechselt wird. Und wenn sie mir am Morgen einen Kaffee und ab fünfzehn Uhr zu jeder Stunde einen Espresso serviert, dann bin ich vor Dankbarkeit nicht mehr zu halten.

Aus weiter Entfernung nehme ich noch eine gewisse Verwahrlosung des Haushaltes wahr, die Pflanzen hängen in den Töpfen, das Essen schmeckt abscheulich. Vorsichtig suche ich das Gespräch. Die Haushälterin ist beleidigt. Nach der Unterredung kann ich mich nicht mehr auf meine Arbeit konzentrieren, weil die Türen knallen und auch sonst viel Lärm entsteht. Ich rufe eine Freundin an und bitte um vorübergehendes Asyl, das sie mir sofort gewährt. Ich beginne meine Sachen zusammenzupacken. Bevor ich jedoch den Computer abmontiere, komme ich wieder zu Verstand.

Wer sich selbst abhanden gekommen ist, lässt beinahe alles mit sich machen. Die Fähigkeit, die Realität auch nur einigermaßen richtig einzuschätzen, ist verloren. Wir werden leicht zum Spielball der Bedürfnisse und Wünsche anderer. Wir halten das, was der andere will, für das eigene und stellen uns zur Verfügung. Wer darauf programmiert ist, sich auf die Bedürfnisse anderer einzustellen und die eigenen zu vergessen, wird in der Regel wegen dieser Eigenschaft geschätzt. Dies zeigt sich besonders eindrücklich, wenn wir plötzlich nicht mehr bereit sind, die eigenen Wünsche zurückzustellen. Dann kommt es zu massiven Vorwürfen, die oft gar nicht so einfach auszuhalten sind.

Um noch ein weiteres Beispiel zu nennen: In unseren Frauengruppen wird das immer wieder am Thema Sexualität deutlich. Obwohl wir in einer sexuell äußerst liberalen Zeit leben, heißt das noch lange nicht, dass Frauen ihre sexuellen Bedürfnisse selbstverständlich wahrnehmen und darüber selbst bestimmen.

In den ersten zehn Jahren meines sexuellen Lebens war auch ich nicht in der Lage, eigene Wünsche und Empfindungen wahrzunehmen. Ich war mir fremd. Ich ließ andere in meinem Körperhaus wohnen und sich darin vergnügen und empfand es nicht einmal als besonders störend, wenn sie mein Gastrecht missbrauchten. Ich fügte mich wie viele andere Frauen in diesen eigenartigen Zustand ständiger Bemühung, es IHM recht zu machen, und einer eigenartigen Abwesenheit von eigenem Wünschen und Wollen. Verstimmungen hielt ich für den mütterlicherseits vererbten Hang zur Melancholie.

Im Nachhinein beginne ich auch meine Mutter zu verstehen.

HÜRDENLAUF

Unerwünscht

In einem weiblichen Körperhaus zu wohnen ist in unserer Gesellschaft eine ganz besondere Herausforderung und mit speziellen Schwierigkeiten verbunden, so wie etwa das Leben auf einer Eisscholle in Alaska oder in der schattenlosen Sahara. Um auch nur einigermaßen über die Runden zu kommen, müssen wir Überlebensstrategien trainieren und spezifische Fähigkeiten entwickeln, die wir flexibel den jeweiligen Wetterverhältnissen und topografisch unterschiedlichen Lebensphasen anpassen. Ein Hürdenlauf von der Wiege bis zur Bahre.

Das erste Problem beginnt bereits im vorgeburtlichen Zeitraum oder gar noch früher, vor der Zeugung. Wenn die Sehnsucht der Menschen, einst eine bleibende Spur zu hinterlassen, zur Produktion eigenen Nachwuchses drängt und Visionen lieblicher Kindergesichtchen ins Blau des Himmels pinselt oder in russigen Großstadtsmog ätzt, ist das Wunschgeschlecht bereits vorgesehen. Im Gegensatz zur unbeabsichtigten oder unerwünschten Schwangerschaft, wo vom Wunsch nach einem Jungen oder Mädchen vorerst noch keine Rede ist und sich schließlich die Hoffnung nach der Erholung vom ersten Schrecken auf »Hauptsache gesund« beschränkt.

Die meisten Männer wünschen sich einen Knaben, ein kleines Männlein, Abbild der eigenen Herrlichkeit, Erbe und Stammhalter, dessen Funktion es sein wird, den Stamm zu halten – ungeachtet dessen, ob es überhaupt etwas in zahlreichen Jahresringen Gewordenes, ein geistiges oder materielles Familiengut zu erhalten gibt oder ob es sich lediglich um ein Hirngespinst handelt. Dem väterlichen Stolz und seinen Größenfantasien sind keine Grenzen gesetzt. Und das ist verständlich. Wer selbst die Vorteile erfahren hat, die einem ohne nennenswerte Anstrengung, lediglich durch die Zugehörigkeit zum männlichen Geschlecht zufließen, wünscht sich die Fortsetzung dieser Privilegien selbstverständlich auch für seine Nachkommen, für seinen SOHN.

Wenn sich Frauen Söhne wünschen, hat dies ebenfalls verständliche Hintergründe. Psychologisch gesehen entsteht bereits dadurch eine Anziehung, weil es das Gegengeschlechtliche ist, das Ergänzende, das Andere, der Gegenpol. Viele Mütter sind in ihre kleinen Jungen »vernarrt«, der »eigenartige Glanz« in den Augen beim Anblick ihres kleinen Lieblings spricht für sich. Es wundert nicht, wenn in der Mutter-Sohn-Beziehung eine zärtlich-erotische Intensität erlebt wird, wie sie Frauen oft bei ihren Partnern schmerzlich vermissen.

Schieben wir eine feministische Optik über die psychologische Linse, erkennen wir noch weitere Hintergründe. Durch die Geburt eines Sohnes erlebt sich die Frau aufgewertet, hat sie doch dazu beigetragen, das Männliche in dieser Welt zu mehren. Sie überwindet damit den untersten Status weiblicher Entwertung. Der Sohn als Hoffnungsträger, der eine wichtige Brückenfunktion übernimmt: »Wenn ich selbst nicht zu den Gewinnern gehöre, keinen direkten Einfluss auf das Weltgeschehen nehmen kann, dann will ich wenigstens indirekt als Mutter des großen Politikers, des einflussreichen Wirtschaftsgiganten, des genialen Forschers an den Errungenschaften dieser Welt partizipieren.«

Leider spielt die »Mutter Gottes« in unserer Gesellschaft

eine bescheidene Nebenrolle, lediglich einmal im Jahr im Monat Mai am Muttertag wird ihrer gedacht, und für ein paar Stunden werden ihre Dienste romantisch verklärt und gewürdigt. Auch wenn Mütter am Jubeltag von ihren Söhnen durch den Sonntagsverkehr gekarrt oder mit einem in aller Eile erstandenen Blumengebinde beglückt werden, so folgt der kurzzeitigen Aufwertung und Ehrung die Entwertung stehenden Fußes.

Dem medizinischen Fortschritt ist es zu verdanken, dass bereits in den ersten Wochen der Schwangerschaft das Geschlecht des Kindes festgestellt werden kann. In Indien werden Mädchen konsequent abgetrieben. Welche Auswirkungen dies auf die weibliche Psyche hat, muss nicht lange erforscht werden.

Die Aussage ist klar: Weibliches wird zerstört. Die Tragödien, die sich bei der Geburt von »nur einem Mädchen« auch in westlichen Kulturen abspielen, muten zum Teil derart gespenstisch an, dass sie kollektiv verdrängt werden müssen. In unseren Frauengruppen berichten Teilnehmerinnen von ihren frühen Kränkungen: »Eigentlich hätte ich ein Junge sein sollen«, »Eigentlich sollte ich ein Junge sein…«, »…ein Junge…«. Ein Junge. Das Mädchen fühlt sich schuldig, dass es »nur« ein Mädchen ist. Der Grundstein für die zukünftige Schuldbereitschaft ist hiermit gelegt.

Es ist noch nicht allzu lange her, dass der Tod von Prinzessin Diana die Welt erschütterte. Medien berichteten zum Teil etwas zynisch über das kaum vorstellbare Ausmaß an Trauer und Bestürzung, das sich in allen Schichten der Bevölkerung zeigte. JournalistInnen, die sich für besonders intelligent hielten, versuchten diese Trauerbezeugung als hysterischen Ausdruck eines gruppendynamischen Massenereignisses zu erklären und die Menschen entweder als grenzenlos dumm, von bunten Hochglanzblättern verführt oder romantisch und hoffnungslos verkitscht zu entwerten. Dabei entgingen ihnen trivialste psychologische Zusammenhänge. Es ist kaum möglich, eine derartige Reaktion zu provozieren und künstlich zu erzeugen, wenn nicht ein inneres, meist dem Bewusstsein nicht zugängliches Bild, anspringt.

Diana war die archetypische Verkörperung entwerteter Weiblichkeit.[2] Bei ihrer Geburt war die Enttäuschung groß: nur ein Mädchen. Ihre Geburt war ein Trauertag – verständlich. Der Vater hätte laut englischem Recht sein ganzes Besitztum verloren, wenn kein männlicher Erbe zur Verfügung gestanden hätte. Der Vater ist wütend auf seine Frau, der er die Schuld gibt. Das Kind liegt heimatlos irgendwo in einer Wiege und wimmert vor sich hin. Als sich die Eltern trennen, behält der Vater die Kinder. Diana pendelt zwischen der einen Heimatlosigkeit im Internat und derjenigen zu Hause hin und her. Es fällt ihr schwer, sich auf die Schule zu konzentrieren – was ihr später als Dummheit ausgelegt wird. Sie träumt von der großen Liebe, vom Mann, der sie über alles liebt und den sie liebt, und meint schließlich, ihn in Prinz Charles gefunden zu haben. Der Prinz aber ist längst seiner großen Liebe begegnet, liebt jene Frau und keine andere, nur heiraten kann er sie nicht. Er erfüllt seine Pflicht, heiratet Diana, gibt sich Mühe, zweifellos will auch er sie lieben. Aber das genügt nicht. Kann nicht genügen. Denn da bleibt die andere im Hintergrund. Die Welt bricht für Diana zusammen.

Zudem bleibt sie wieder heimatlos in der königlichen Familie. Obwohl sie ihre Sache außerordentlich gut macht, bekommt sie für ihre Leistung keine Anerkennung. Sie wird reduziert auf äußere Lieblichkeiten. Sie gebärt zwei Söhne, sorgt für die Thronfolge, aber sie bleibt entwertet. Später, nach der Scheidung, wird sie aus der königlichen Familie ausgeschlossen. Auch dem Drama der Kindesenteignung wohnt die Welt bei – ohne dass dies thematisiert wird. Die Söhne gehören zur königlichen Familie, daran gibt es nichts zu rütteln. Hier zeigen sich typische, traditionelle patriarchale Entwertungs- und Enteignungsmuster, die nicht nur Frauen kennen und zutiefst ergreifen, sondern auch Männer zu erschüttern vermögen. So ist es letztlich die Tragödie, die in beinahe jedem Frauenleben stattfindet, die die Menschen derart aufwühlt und in Massen zum Trauern bewegt. Es mag zunächst sehr viel intellektueller wirken, wenn eine Beurteilung aus einer angeblich alles überblickenden Perspektive erfolgt und das Verhalten der trauernden Menschen als reine Hysterie diagnostiziert.

Bei genauerer Analyse indessen zeigt sich das Gegenteil. Wer selbst in seiner Biografie Entwertungen ausgesetzt war, kann sich entweder mit diesen Kränkungen auseinander setzen oder sie verdrängen und verleugnen. Dann besteht ein großes Interesse daran, sich an die in der Vergangenheit gemachten Erfahrungen nicht mehr erinnern zu lassen. Deshalb ist es nahe liegend, den differenzierteren Wahrnehmungen aus dem Weg zu gehen und das Thema in einer kopflastigen und distanzierten Etage zu lagern.

Dass bereits in der Schwangerschaft die elterliche Fantasie über die Zukunft des zu erwartenden Nachwuchses oft weit über das Ziel hinausschießt, zeigt sich bei beiden Geschlechtern auch in der Namenswahl. Namen sind Träger elterlich gefärbter Zukunftswünsche. Es gibt große Namen. Es gibt kleine. Ein Name ist wie ein Kostüm, das für eine ganz bestimmte Rolle in einem ganz bestimmten Theaterstück geschneidert ist. Und wenn dann so ein winziges Wesen in einer viel zu großen und zu schweren Robe steckt, packt uns angesichts des hilflosen Geschöpfes Erbarmen, wir zupfen und hantieren am großen Kleid, schneiden heimlich überschüssige Falten heraus oder nähen flink ein neues Kostümchen. Da schrumpft der große visionäre Entwurf eines Wilhelm auf Willi, Helmi oder Helmle, der großen Katharina wird ebenfalls etwas Luft abgelassen und sie schrumpft auf Kathi, in der Schweiz auf Puppenstubengröße zu Käthi oder als versachlichtes s' Kätherli.

Und manchmal bleibt es dann so für den Rest des Lebens. Die große Robe liegt zerknittert und mit der Zeit etwas angegraut auf dem Speicher, ohne dass sie je ein einziges Mal ausgeführt worden wäre. Werden Namen von den Eltern zu groß gewählt, korrigiert sie das Leben. Wird ein Mädchen statt des erhofften Jungen geboren, wird es fortan mit dem Gefühl leben: *So wie ich bin, ist es nicht gut, ich sollte anders sein.*

Die erste Erfahrung, die vor allem viele Mädchen bei ihrer Ankunft auf dieser Welt machen, ist also negativ: unerwünscht. Und gerade weil es das Kind nicht bewusst erlebt, sinkt diese Katastrophe tief ins Unbewusste und installiert sich als dumpfes Grundgefühl, dass irgendetwas nicht in Ordnung ist. Diese Grunderfahrung macht den meisten Frauen schwer zu schaffen. Sie schizophreniert. Einerseits ist da dieses Gefühl: Wenn ich anders wäre, dann wäre ich erwünscht. Andererseits wird bereits in der Pubertät eine entscheidende Erfahrung gemacht, die sie fortan begleitet und ihr Leben bestimmen wird.

Alltägliche Schizophrenie

Die heranwachsende Frau lernt früh, dass es durchaus auch Vorteile haben kann, dem weiblichen Geschlecht anzugehören, vor allem dann, wenn sich Männer angezogen, sich durch sie sexuell stimuliert fühlen. Für viele Mädchen ist die Erotik der einzige Bereich, in dem sie erleben, etwas in Bewegung zu setzen oder gar zu beeinflussen. Für viele ist und bleibt es der einzige Bereich, in dem sie so etwas wie Macht erleben. Fritzi Massary, die berühmte Operettendiva der zwanziger Jahre, fasste es auf eine kurze Formel zusammen: »Bald muss man zahm sein, bald ganz infam sein. Auf diese Art behandle ich die Männer.«[3]

Spielchen, die zwischen Unterwürfigkeit und Dominanz pendeln, vermitteln die Illusion, selbst handelnd zu sein. Wie sehr dieser Eindruck trügt, wird dann schmerzlich bewusst, wenn die Wirkung im Lauf der Jahre allmählich nachlässt oder auch von einer Minute zur anderen abrupt abbricht. Selbst wenn sich dieses Drama stets wiederholt und sich in aller Öffentlichkeit abspielt, wird es dennoch nicht als eine ernst zu nehmende Realität mit einbezogen, sondern kollektiv großzügig verdrängt.

Heranwachsende Mädchen lernen früh, ihr Selbstbild mit ihrer Fähigkeit zur sexuellen Stimulierung zu koppeln: Ich werde begehrt, also bin ich. Eine mit anderen konkurrierende Selbstwahrnehmung breitet sich aus und sorgt dafür, dass allmählich die Orientierung in die eigene Wahrnehmung verloren geht. Viele Frauen verstricken sich in dem Widerspruch, sich einerseits selbst aufzugeben, um möglichst zu gefallen, und andererseits dem verzweifelten Kampf, sie selbst zu sein. Oft finden wir erst im fortgeschrittenen Alter wieder aus diesem Widerspruch heraus, nachdem wir von zahlreichen Krisen gebeutelt wurden. Und unzählige Frauen irren orientierungslos von einer Falle in die nächste.

Ich kenne die meisten Hürden. Ich schaue zurück und stelle mit großem Entsetzen fest, wie viel Energie auch ich dafür verschwendete, mich in diesem Widerspruch einigermaßen zurechtzufinden. Ich wollte immer anders sein. Ich wollte immer etwas an mir verändern. Tief saß das Gefühl, irgendetwas stimme nicht. Ich hatte die Orientierung in mir völlig verloren und kurvte stets um ein goldenes Kalb, dem ich um alles in der Welt gefallen wollte. Und wenn ich meinte zu gefallen, setzte ich alles daran, dass das männliche Wesen möglichst weiterhin Wohlwollen an mir fände.

Ich habe unzählige verzweifelte Stunden vor dem Spiegel verbracht. Ich habe viele Stunden beim Friseur gehofft, dass Wunder geschehen und er mich von dem unsäglich miesen Gefühl erlösen könne, nicht schön zu sein. Obwohl ich damals sehr schlank war, fühlte ich mich wie eine Tonne und lebte streng Diät. Ich habe sämtliche Möglichkeiten ausgeschöpft, mit einem erotisch attraktiv-verführerischen Äußeren Aufsehen zu erregen. Es war wie eine Besessenheit, die mich nicht mehr losließ. Wenn ich mich rückblickend betrachte, bin ich zutiefst erschüttert. Ich opferte meine Natürlichkeit zugunsten einer Kunstfigur und glich wohl eher einer Karikatur als einer Frau. Ich hörte nicht auf zu hoffen, dass eines Tages der Traummann herbeieile, mich umwerfend schön und schlank und intelligent und originell finde und mich deshalb über alles lieben werde. Er kam nicht. Dafür schnupperten Vertreter der männlichen Spezies hinter mir her, was ich in meiner Not für Liebe hielt.

In einer solchen inneren Not noch von Selbstbewusstsein zu sprechen, klingt vermessen. Das Selbstwertgefühl ist weit unter null gesunken, und die Frau gleicht viel mehr einer Ertrinkenden, die wild um sich schlägt, um nicht jämmerlich zu ersaufen, als einem menschlichen Wesen, das in sich eine selbstverständliche Würde trägt.

Es hat lange gedauert, bis ich das Ausmaß an Abwertung, Ausgrenzung, Entwürdigung und Benachteiligung der Frau ungefiltert auf mich einwirken lassen konnte. Solange wir noch eine Möglichkeit haben, weibliche Koketterie als Besänftigung oder Unterstützung für zu erreichende Ziele einzusetzen, sind wir selbst darin gefangen und dadurch viel weniger bereit, die Situation der Frau als grundsätzlich benachteiligt zu erkennen. Auch ich habe mich gelegentlich dazu hinreißen lassen, einem Herrn mit ein paar Augenaufschlägen eine Zustimmung für ein Vorhaben oder ein Projekt abzuringen. Oder versucht, einen

Polizisten durch entsprechendes Verhalten von einer Buße für zu schnelles Fahren abzuhalten. Oder ich habe in Diskussionen Argumente charmant verpackt, mit typischen Unterwerfungsritualen wie dem schräg gestellten Kopf den männlichen Status erhöht und den meinen etwas verkleinert, meine eigene Kompetenz heruntergespielt und die seine aufgebläht.

Ich bin älter geworden. Und diese Tatsache kommt mir zu Hilfe und spült mich an ein anderes Ufer. Mein Verstand wird klarer. Und jede Verbeugung vor nicht vorhandener männlicher Kompetenz empfinde ich als eine Beleidigung der Schöpfungsintelligenz. Jedes Kokettierenwollen blockiert meinen Bewegungsablauf, verbale Anbiederung macht mich sprachlos. Kurz, es geht einfach nicht mehr.

Meine eigene Vorgeschichte aber macht mich nachsichtig, lässt mich verständnisvoll sein. Und ich will meine ganze Kraft dahin gehend einsetzen, diese Vorgänge immer wieder zu erklären, um dazu beizutragen, dass Frauen Zusammenhänge begreifen lernen. Ich will Frauen in ihrem Prozess des Verstehens der eigenen Geschichte begleiten und Wege aufzeigen, wie wir – statt zu resignieren – lernen, zu reflektieren und zu analysieren und dann unsere Erkenntnisse gezielt in Handlungen umzusetzen.

Ausgemustert

Als die Falle Schönheit nicht mehr drohte über mir zuzuschnappen und ich allmählich begann, Zusammenhänge zu begreifen, sah ich mich bereits einer neuen Sackgasse gegenüber. Wie wird Frau älter, ohne sich dabei hoffnungslos im Entwertungslabyrinth verlockender Jungbrunnen zu verirren? Straffen, shapen, fitten, liften, stretchen, joggen, collargenen, wellnessen, zellfrischen und so weiter: Die Frau ab vierzig hat das erotische Stimulanzverfallsdatum hinter sich und fällt in ihrem resonanzlosen Dasein auf jeden noch so dummen Werbetrick herein. Frauen, die da hineingeraten, sind keine oberflächlichen Wesen und ausschließlich an Äußerlichkeiten interessiert, wie man ihnen leichtfertig unterjubelt und gerne als Beweis für ihre grundsätzliche Oberflächlichkeit anführt. Frauen kämpfen darum, wahrgenommen zu werden. Frauen kämpfen um ihre Existenzberechtigung. Die Methoden, die sie wählen, haben sehr viel mehr mit den Adressaten zu tun als mit ihnen selbst. Und weil wir in einer Gesellschaft leben, in der Frauen grundsätzlich durch die männliche Brille der erotisch stimulierenden Brauchbarkeit begutachtet werden, fällt die ältere Frau durch das gängige Raster und wird entsprechend abgewertet.

Wenn sie nun darum kämpft, dennoch mithalten zu können, läuft sie, wie auch immer sie es anstellt, Gefahr, sich der Lächerlichkeit preiszugeben. Kämpft sie gegen das Älterwerden an, gerät sie in tausend Peinlichkeiten aller Art, die aber für viele offensichtlich um einiges weniger schmerzlich sind als das Gefühl, übergangen, aussortiert, ausgegrenzt oder ausgepfiffen zu werden. Hat sie aber bereits ein derart gutes Selbstwertgefühl entwickelt, dass sie sich freudig zu ihrem Alter bekennt, muss sie ebenfalls mit massiver Entwertung rechnen. Wie kann sie es schaffen, ihre Lebensenergie zur Entfaltung zu bringen, die sich allein schon dadurch erhöht, nicht mehr allen gefallen zu wollen und den Marktwert unentwegt im Spiegel zu überprüfen? Was dem Mann, gleich welchen Alters, selbstverständlich offen steht, wird für die Frau zur neuen Falle. Ein fünfzigjähriger Mann wird seinen Bauch mit größter Selbstverständlichkeit vor sich her tragen und sich bei dreißig Grad im Schatten in kurzen Hosen in der Öffentlichkeit präsentieren, ohne dabei Aufsehen zu erregen. Niemand kümmert sich um die nicht mehr makellose Jünglingsgestalt.

Simone de Beauvoir schreibt über ihr Erleben mit dem Älterwerden: »Eines Tages habe ich mir gesagt: Ich bin vierzig Jahre alt. Als ich mich von diesem Staunen erholte hatte, war ich fünfzig. Die Betroffenheit, die mich damals überfiel, hat sich nicht gelegt.« Und weiter berichtet sie: »Lange vor ihrer endgültigen Verstümmelung wird die Frau in ihren Vorstellungen vom Schrecken des Alters verfolgt. Der reife Mann ist mit wichtigeren Unternehmungen als der Liebe beschäftigt. Seine Liebesglut ist weniger lebhaft als in seiner Jugend. Und da von ihm keine passiven Eigenschaften eines Objektes verlangt werden, tut die Veränderung seiner Züge und seines Körpers seinen Anziehungsmöglichkeiten keinen Abbruch. [...] Viel mehr als der Mann hat sie [die Frau, Anm. d. A.] auf die sexuellen Werte gesetzt, die sie besitzt. Um ihren Gatten zu fesseln, um sich in den meisten Berufen, die sie ausübt, einen Schutz zu sichern, muss sie notwendigerweise gefallen. Man lässt sie auf die Welt nur über den Mann als Mittler einwirken: Was wird aus ihr werden, wenn sie auf ihn nicht mehr einwirkt? [...] Sie kämpft, aber Bemalung, Schälkur, Schönheitsoperationen ziehen immer nur das Sterben ihrer Jugend hinaus. Zumindest kann sie den Spiegel noch überlisten. Wenn aber der schicksalhafte, unwiderrufliche Prozeß sich abzeichnet, der in ihr das ganze in der Pubertät errichtete Gebäude zerstört, fühlt sie sich vom Verhängnis zu Tode getroffen.«[4]

Obwohl es sich in westlichen Kulturen langsam herumgesprochen hat, dass Frauen auch Menschen sind, denen die gleichen Rechte wie dem anderen Geschlecht zustehen, werden sie noch immer systematisch einer groß angelegten und in vielen Fällen unbewussten Entwertungsstrategie unterworfen. Während hellhörig und in völlig überrissener Pervertierung auf jedes entfernteste Fünklein eventueller rassistischer Gesinnung geachtet wird und jede homöopathische Potenz an Fremdenfeindlichkeit detektivisch untersucht wird, reagiert die Gesellschaft höchst unsensibel, wenn es sich um Entwertungen von Frauen oder sogar um Gewalt gegen sie handelt.

Sämtliche Medien sind patriarchal gesteuert. Kein Wunder, denn es sitzen in den Chefpositionen zu 98 Prozent Herren. Der Mann trifft letztlich die Wahl, wer sein Auge erfreuen soll, bei welchem Anblick ihm bewusst oder unbewusst im Schritt die Post abgeht. Im Fernsehen wird es überprüfbar. Da sind nur vereinzelt Frauen anzutreffen, deren Stärke sich vor allem auf ihr Können und ihre Kompetenz bezieht. Printmedien berichten kaum über Leistungen und Status höherer Funktionen von Frauen, sondern über ihren Annex-Status als Gattin irgendeines positionsstarken Mannes.

In Unterhaltungssendungen geistern Frauen vorwiegend als tittenträchtige, silikonaufgelippte Werbeträgerinnen durch die Welt, die sich bereits derart abhanden gekommen sind, dass sie nicht mehr wahrnehmen können, wie sie sich selbst verarschen und zur eigenen Persiflage werden.

Wer durch den Waschsalon traditioneller Erziehung geschleust worden ist, hat sich durch Kinderbücher einer unfreiwilligen Gehirnwäsche unterzogen. Obwohl sich das Frauenbild allmählich zu ändern beginnt, sind noch immer gewaltige Unterschiede der Geschlechter und der damit verbundenen Fähigkeiten auszumachen. Auch wenn Mädchen zwar nicht mehr ausschließlich in typisch weiblichen Tätigkeiten dargestellt werden, wie etwa beim Arbeiten in der Küche, so sind sie aber meist in pflegerischen und zudienenden Aktivitäten anzutreffen, während sich die Jungens auf Abenteuer einlassen und die Welt erkunden und erobern, die ihnen dann letztlich dadurch auch offen steht.

Und schließlich wird in Todesanzeigen ihr Hinscheiden als Witwe des Herrn X , als liebe Tante, Schwester, Mutter, Großmutter bekannt gegeben und beklagt, während jeder Feuerwehrhauptmann oder Präsident eines Vogelschutzbundes in seiner Funktion besondere Erwähnung findet. Das alles sitzt tief.

Hinzu kommen äußerst komplizierte, schwierige und mit zahlreichen Fallen ausgelegte Lebenssituationen, durch die sich ein weiblicher Lebenslauf quälen muss, wie zum Beispiel im Spannungsfeld der Pubertät über die Runden zu kommen, da sich der Körper allmählich zu weiblichen Formen verändert, mit begehrlichen Blicken einerseits behaftet wird und zugleich einer Entwertung ausgesetzt ist. Dann folgen Ausbildung und Berufswahl, was mindestens eine ebenso schizophrenisierende Zukunftsperspektive ist. Soll es der Beruf fürs Leben werden oder nur bis zum ersten Kind? Wie kann ich Beruf und Kinderkriegen einigermaßen vernünftig verbinden? Die Frau gehört ins Haus. Die moderne Frau muss berufstätig sein. Wo soll es langgehen? Es ist also nicht verwunderlich, wenn viele Frauen unter mangelndem Selbstbewusstsein leiden! Das ist zwar ein schwacher Trost, aber immerhin gut zu wissen, dass der Fehler nicht bei uns selbst zu suchen ist. Deshalb sollten wir immer wieder daran denken: Wer zu wenig Selbstwertgefühl besitzt, ist nicht hochgradig gestört und neurotisch, sondern zeigt ein hohes Maß an gesunder Reaktion auf krank machende Umstände.

Wer nun denkt, dies betreffe ausschließlich die ältere Generation und die jungen Frauen seien selbstsicherer und selbstbewusster, der irrt. Zweifellos sind die Jungen selbstsicherer geworden. Das zeigt sich auch in der Schulbildung. Betrug 1970 der Anteil der Studentinnen noch 25,6 Prozent, so ist er 1998 auf 54,1 Prozent gestiegen. Laut »Der Spiegel«[5] heißt die Faustregel: Je höher der Schultyp, desto höher der Mädchenanteil in den Klassen. An Gymnasien sind Mädchen nicht nur in der Überzahl, sie bringen auch bessere Leistungen als die Jungs. Und noch etwas: Unter den Sitzenbleibern finden sich doppelt so viele Jungen wie Mädchen. Diese Fakten sind keineswegs verwunderlich, wenn bedacht wird, wie viel Energie Frauen noch zu Beginn des zwanzigsten Jahrhunderts aufbringen und wie viele Hindernisse sie überwinden mussten, um sich erst einmal Zugang zum Wissen zu verschaffen, und es trotzdem oder gerade deshalb zu außergewöhnlichen und herausragenden Leistungen brachten.

Was aber ist mit all den Frauen geschehen, die trotz ausgezeichneter Intelligenz auf der Strecke blieben, um schließlich das Klo für einen weniger intelligenten, eventuell als Schüler sitzen gebliebenen Herrn zu putzen? Schließlich kommen nur fünfzehn bis zwanzig Prozent der Frauen im mittleren Kader an, im oberen sind es gerade noch vier Prozent.

Vielleicht genügt es in der eigenen Familie nachzuschauen, wie viel weibliches Potenzial da brachliegt. Immer dann, wenn sich Weiblichkeit in einem Zerrbild zum Ausdruck bringt, können wir davon ausgehen, dass ein Begabungsstau vorliegt und die Frau verzweifelt nach Ventilen sucht, Dampf abzulassen. Das kann die schrullige Tante sein, über die sich alle lustig machen, das kann die eigene Mutter sein, der niemand mehr zuhören will, weil sie so wirr daherredet, das kann die Großmutter sein, die eigenartige Ansichten vertritt. Ob das Interessengebiet einer Frau ausschließlich auf Schönheit, Schlankheit oder Fitness verflacht oder sich die gesamte brachliegende Intelligenz auf das Studium von Kochbüchern und Strickmustern zentriert, so handelt es sich meist um eine Notmaßnahme, den unterernährten Geist wenigstens mit etwas Futter zu versorgen.

Auch wenn die heutige junge Frau sehr viel selbstbewusster wirkt und zweifellos viel mehr ihres Potenzials zum Einsatz bringen kann, so heißt das noch lange nicht, dass sie diese Position weiterhin behalten wird. Der massive Anstieg von Studentinnen müsste auch in der Weiterführung ihrer beruflichen Karriere zum Ausdruck kommen. Vor allem auch im universitären Bereich müsste es sich zeigen und zu einer auffallenden Veränderung führen. Spätestens in einigen Jahren müssten mindestens zur Hälfte Professorinnen an Universitäten lehren. In sämtlichen Kaderpositionen müsste sich ebenso eine deutliche Umschichtung der Geschlechterverteilung entwickeln. Bis jetzt waren die Auswirkungen minimal, und es ist anzunehmen, dass sich auch in Zukunft nicht allzu viel ändern wird.

Weibliches Selbstbewusstsein ist zerbrechlich und sehr anfällig. Wer zunächst noch einigermaßen gut über die Runden kam und ein starkes Selbstbewusstsein entwickelt hat, muss damit rechnen, dass es nicht automatisch erhalten bleibt, sondern sich – bedingt durch gesellschaftliche Entwertungsmuster – allmählich aus dem Staub macht.

Grundsätzlich kann beobachtet werden, dass das Selbstbewusstsein einer jungen Frau sofort leckt, wenn der erste Sturm der Verliebtheit über sie hinwegfegt. Die Verliebtheit bricht auf, macht verletzbar. Wer liebt, öffnet sich dem andern. Und weil für heterosexuelle Frauen der Liebespartner ein Mann ist, dringt mit ihm auch die gesamte patriarchale Vorgeschichte in ihr Leben, selbst dann, wenn sich der Mann selbst davon distanziert. Das zuvor aufgebaute Selbstbewusstsein, an dem patriarchale Entwertungsmuster wie an einem Panzer abprallten, gerät aus den Fugen, und allmählich dringen die uralten Klischees und Bilder wie ein männliches Dominanz-Virus durch die Ritzen in die aufgeweichte Seele.

Es gibt wenig Vorbilder für weibliches Verliebtsein, in denen Intelligenz, Stärke, Kompetenz und Wissen trotz Partnerschaft erhalten bleiben. Aber es gibt eine große Zahl von intelligenten und autonomen Frauen, die sich unverzüglich dem Dominanzanspruch des Mannes unterwerfen und sich seiner Schirmherrschaft unterstellen. Als Gegenleistung für Schutz und Versorgung übernehmen sie Zudien- und pflegerische Funktionen sowie erotische Stimulanz. Meist handelt es sich um einen beinahe unmerklich schleichenden Prozess, der von den Betroffenen kaum wahrgenommen wird. Irgendwann aber stellt Frau fest, dass die einstige Selbständigkeit und ihr Selbstbewusstsein Schlagseite bekommen haben.

Wird Frau auch noch schwanger, steigt die Möglichkeit, in eine Abhängigkeit hineinzugeraten, die sich aus ihrer wirtschaftlichen Abhängigkeit herleiten lässt. Psychologisch gesehen entsteht hier ebenfalls eine neue Falle. Selbstverständlich wünscht sich die Frau einen Vater für ihr Kind! Sie erhofft sich nichts sehnlicher, als dass er sich für den Nachwuchs interessiert, sich um ihn kümmert, sich bei der Pflege und Erziehung verantwortlich zeigt. Wenn dem Mann, trotz einem von der Frau geleisteten, ihn motivierenden Einsatz kein großes Gefallen an seinem Nachwuchs erblühen will, wird sie schließlich als alleinige Verantwortliche den Karren ziehen und sich dabei selbst gut zureden: »Wenn ich mich um das Kind kümmere, ist das schließlich ein sehr wichtiger und ernst zu nehmender gesellschaftspolitischer Beitrag, den ich leiste.« Nur leider merkt es außer ihr niemand.

Die durchaus richtigen Überlegungen bleiben in ihren privaten Wänden hängen, denn die Realität sieht anders aus. Als »Nur-Hausfrau« und Mutter steht sie auf der untersten Rangstufe – etwa derjenigen einer Putzfrau. Ihr sozialer Status wird zwar durch den Mann und seine Position erhöht, vorausgesetzt, sie verzichtet auf eine eigene Identität. Sie aber darf sich als Gegenleistung mit dem Status ihres Mannes identifizieren. Setzt sich aber der Partner irgendwann ab, fällt sie auf den untersten Status – siehe Alleinerziehende. Dieser Vorgang ist für die meisten Frauen derart beängstigend und zutiefst verletzend, dass viele Frauen nur überleben, indem sie diese Kränkungen verdrängen. Und sie tun fortan so, als ob alles in bester Ordnung sei, und nicht selten kommt gerade aus ihren Reihen harsche Kritik gegen Feministinnen, die immer wieder auf diese entwürdigende Position der Frau hinweisen.

Aber dieser Verdrängungsprozess hat schwerwiegende Folgen. Werden verletzende Inhalte ins Unbewusste abgedrängt, geraten umliegende und im Zusammenhang stehende Bereiche ebenfalls unter die Räder. Nur so ist es zu erklären, dass es derart viele Frauen gibt, die sich nicht mehr daran erinnern können, jemals auch noch über andere Fähigkeiten und Talente verfügt zu haben, als sich um das Wohlergehen eines meist abwesenden Mannes zu kümmern.

Selbstbewusstsein, Selbstsicherheit und Selbstbehauptung gehören zum unumgänglichen Rüstzeug, um das eigene Leben in die Hand zu nehmen und es zu meistern. Es sind dies aber nicht fest zementierte Eigenschaften, die – einmal erworben – für den Rest des Lebens erhalten bleiben. Ebenso verteilen sie sich nicht flächendeckend gleichermaßen über sämtliche Lebensbereiche. Manchmal kommen diese Eigenschaften plötzlich zum Erblühen und ziehen sich gelegentlich wie Fühler einer Schnecke beim geringsten Windhauch zurück. Oft ereignen sich diese gegensätzlichen Verhaltensweisen beinahe zeitgleich, was Frauen zusätzlich verunsichert. Da behaupten wir uns tagsüber im Beruf mit größter vorstellbarer Selbstsicherheit, setzen uns gar für andere ein, kämpfen zielsicher, streiten angstfrei um die Rechte eines anderen. Aber kaum sind wir abends mit dem Partner zusammen, geht uns die Luft aus. Wir sind zahm und nett, verrichten anmutig Pflegerisches, drapieren uns verführerisch in farblich abgestimmte Seidenkissen und setzen alles daran, dem Partner zu gefallen. Ganz Weib. Oder aber wir schrumpfen zum kleinen ängstlichen Mädchen, das sich selbstlos und artig um das Wohl des Herrn kümmert und alles macht, um nicht verlassen zu werden. Das alles ist normal.

WESHALB WEIBLICHES
SELBSTBEWUSSTSEIN AUF
DER STRECKE BLIEB

Im Anfang war die Frau

Fünf Millionen Jahre sind als Zeitraum nur schwer vorstellbar. Die Spuren der Menschheit führen in diese Zeit zurück und decken damit die Urgeschichte der Frau auf.

Von jeher beschäftigt eine Frage alle Menschen auf diesem Planeten: Warum muss der Mensch sterben? Die Beschäftigung mit dem Tod führt auf direktem Weg zu der Frage, woher Leben stammt und ob der Tod vielleicht nur als eine Durchgangsstation verstanden werden sollte, als kleine Raststätte, um darauf wieder neu ins Leben zu treten. Diese Frage ließe sich auch gemäß dem Rhythmus des Mondwechsels formulieren, der in drei Phasen verläuft: dem Vollmond, dem abnehmendem und dem vorübergehend unsichtbaren Mond. Die Frage nach Leben und Tod stand stets im Zentrum. Und damit rückte die Frau in eine Position, die ihr Würde und Achtung verlieh: Schließlich war sie es, die die Fähigkeit besitzt, neues Leben aus sich hervorzubringen.

In allen Frühkulturen wurde die Frau hoch geachtet und verehrt. Sie trug das Geheimnis in sich, Leben zu spenden. Die Verehrung des Weiblichen ist durch Bildnisse von Gottheiten in Menschengestalt dokumentiert, das den weiblichen Schoß als Quelle und Ursprung allen Lebens zur Darstellung bringt.[6] Sie zeigen die Göttinnen oft in Gebärstellung, mit besonderer Betonung der Bauchregion oder einem austretenden Tierkopf aus der Leibesöffnung.

Es war also völlig selbstverständlich, dass sich die Menschen als oberste Macht Göttinnen vorstellten, Muttergottheiten, die als universale Gottheiten sämtliche Lebensbereiche wie Liebe, Jugend, Alter, Leben, Tod und Wiedergeburt verkörperten. Schließlich war das Weibliche der Garant zum Fortbestehen der Menschheit. So ist es nicht verwunderlich, wenn männliche Gottheiten lediglich als sehr junge und bartlose Jünglinge in Erscheinung traten, von der Großen Göttin umfangen und ganz in ihrer Abhängigkeit, was wohl am ehesten dem Mutter-Sohn-Verhältnis entspricht. Erst allmählich wuchs er in die Rolle eines Gefährten, während die Gestalt eines Vatergottes in religiösen Bildern völlig fehlt. »Die ersten Menschen müssen die Welt notwendigerweise als eine umfassend weiblich bestimmte Ordnung empfunden haben. Die Spuren ihrer Kunst, die uns überlieferten Mythen, Glaubensvorstellungen, wie sie durch ihre Bestattungsbräuche und durch die alles überlagernden Schichten späterer Religionen schimmern, bestätigen das alle. Ihre ersten Gottheiten waren keine männlichen Götter der Jagd oder gar des Krieges, sondern lebenspendende Muttergottheiten, mit denen sich die Vorstellungen von Wiedergeburt und später auch von Fruchtbarkeit wie bei dem Konzept der ›Mutter Erde‹ und schließlich das sichere Gefühl der Fürsorge und des Schutzes verbanden.«

Deshalb waren es selbstverständlich Frauen, die die höchsten Ämter als Königinnen oder Priesterinnen bekleideten. Frauen verfügten über Macht und Kompetenz und behüteten das Wohl der Gemeinschaft. Erich Fromm spricht von einer matrizentrierten Gesellschaftsordnung und betont durch diesen Begriff, dass es sich nicht einfach um die Verkehrung patriarchaler Verhältnisse handelte. Es gilt als gesichert, dass sämtliche Frühkulturen einer matrizentrischen Sippenordnung folgten, das heißt, die Verwandtschaftszurechnung verlief nach der Mutter, ebenso die mutterrechtliche Erbregelung. Robert Briffault schätzt, dass noch um 1800 ungefähr die Hälfte der damals bekannten Naturvolksgruppen matrizentrisch organisiert waren. In matrizentrierten Kulturen herrschte keine hierarchische Ordnung, die sich allein von Funktionen und Ämtern ableiten ließ. Frauen, die führende Rollen übernahmen, zeichneten sich durch Alter, Reife, Weisheit und große Kompetenz aus. Ihr Bestreben lag darin, einerseits die Produktion der Nahrungsmittel sicherzustellen, die weitgehend durch die Arbeit der Frauen erfolgte, und sich andererseits ganz in den Dienst friedenssichernder Maßnahmen zu stellen. Es gab also keine Kriege. Anstehende Fehden und Unstimmigkeiten wurden unter der Leitung von Frauen auf diplomatischem Weg ausgehandelt und gelöst.

Werfen wir einen Blick auf die heutige Zeit, dann mutet die Szene beinahe gespenstisch an: In sämtlichen Friedensverhandlungen der jüngsten Geschichte sind ausschließlich Männer anzutreffen. Wäre nicht so viel Leid für die betroffene Bevölkerung damit verbunden, wäre es wie ein Witz – ein schlechter allerdings –, dass ausgerechnet Frauen, die über eine hohe Kompetenz in Verhandlungsführung und Kommunikation verfügen, davon ausgeschlossen sind.

Gehen wir aber nochmals in der Geschichte zurück. Wir müssen uns die Frage stellen, welche Rolle denn die Männer spielten. Da sich Männer und Frauen in ihrer sexuellen Betätigung meist polygam verhielten, wurde durch Intimitäten keine gegenseitige Verpflichtung auf Treue abgeleitet. Zunächst war der Zusammenhang zwischen Geschlechtsverkehr und Zeugung unbekannt, sodass die Frage nach der Vaterschaft den Zeugenden in keiner Weise tangierte. Da Frauen in ihrer aus matrilinearer Folge gewachsenen Gruppe lebten, übernahmen männliche Verwandte weitgehend väterliche Funktionen für den Nachwuchs. Eheliche Gemeinschaften waren zweckgebunden und dienten weitgehend arbeitstechnischen Erleichterungen. Entweder heiratete der Mann in die Sippe der Frau ein oder es bestand eine eheliche Gemeinschaft, die auf dem Besuch des Mannes beruhte, der über Nacht bei der Frau blieb und am Morgen wieder zu seiner Sippe zurückkehrte, um dort seiner Arbeit nachzugehen. Dieses Grundmodell der Beziehungen zwischen Mann und Frau schimmert auch heute in patriarchal organisierten Familienstrukturen durch. Emotional funktionieren viele familiäre Gemeinschaften matrizentriert. Die emotionale Versorgung von Kindern und Ehemann obliegt weitgehend der Frau. Sie nährt, tröstet, berät, gibt Halt, steuert und beeinflusst, wenn auch indirekt.

Während aber die Frau in der heutigen Zeit zwar nach innen für das Wohl der Familie zuständig ist, bleibt sie in der wirtschaftlichen, politischen und gesellschaftlichen Position so gut wie ohne Einfluss. So trug sie bis vor wenigen Jahren selbstverständlich den Namen des Ehemannes, und neuere Regelungen, den Frauennamen auch nach der Heirat zu behalten, können nicht darüber hinwegtäuschen, dass dennoch eine Identitätsopferung gefordert wird: Behält in der Schweiz die Frau ihren Mädchennamen, werden die Kinder nach dem Vater benannt, was genau genommen einer Enteignung gleichkommt. In Frankreich ist es selbstverständlich, dass bei Paaren, die unverheiratet zusammenleben, der Nachwuchs den Namen des Vaters erhält. Die Namensenteignung ist ein wirksames Mittel, einen Bruch im Identitätsgefühl der Frau zu provozieren.

In Deutschland sind zwar bereits großzügige Regelungen mit verschiedenen Varianten möglich, die der Frau erlauben, ihren Namen weiterzuführen und ihn auch an die Kinder weiterzugeben. Es sollte aber nicht dazu verführen, die lange Geschichte des weiblichen Identitätsverlustes zu unterschätzen. Auch wenn wir frei wählen, tragen wir die Vergangenheit in unseren Zellen. Die Namensenteignung war eine Erfindung des achtzehnten Jahrhunderts, um den Mann eindeutig als Oberhaupt und Befehlshaber über Frau und Kind zu küren. Daher ist es auch nicht verwunderlich, wenn alles darangesetzt wurde, die Frau von Wissen auszuschließen und sie dadurch weitgehend in einer Abhängigkeit zum Mann zu halten.

Wie war es aber möglich, dass sich aus matrizentrierten und egalitären Kulturen, die ohne Gewalt, Unterdrückung und Ausbeutung auskamen, hierarchisch strukturierte Gesellschaftsordnungen entwickelten, die einem Geschlecht die Macht über das andere ermöglichten? Welche Kräfte waren am Werk, um ein vermeintliches Einverständnis zwischen Unterdrückern und Unterdrückten, zwischen Siegern und Verlierern vorzutäuschen? Was war geschehen, dass aus friedlichem Zusammenleben unter verschiedenen Stammesgruppen kriegerische Auseinandersetzungen entstanden?

Die eigentliche Geschichtsschreibung beginnt mit den ersten sumerischen Schriftzeichen ab 3000 v. Chr., die als objektive Quelle gelten. Da Historiker zu allen Zeiten unter der Zensur ihrer Herrscher und Führer standen, die ein ganz bestimmtes Interesse daran hatten, dass die zu dokumentierenden Ereignisse ein möglichst gutes Licht auf sie warfen, ist eine kritische Analyse nicht zu erwarten. Um eine geschichtliche Entwicklung zu verstehen, genügt es nicht, äußere Fakten aneinander zu reihen, auch wenn alle divergierenden Strömungen einbezogen und alle möglichen Einflüsse berücksichtigt werden. Geschichte lässt sich erst begreifen, wenn die psychodynamischen Kräfte gleichermaßen analysiert werden und sich daraus ihre Motive, Handlungen und Verhaltensweisen erklären lassen. Die genaue Kenntnis des Psychogramms eines Politikers würde einen sehr viel tieferen Einblick in seine Beweggründe erlauben und darüber hinaus auch zukünftige Handlungsperspektiven voraussagen lassen.

Um das patriarchale Herrschaftsverhältnis, das die Frau schließlich unter die Befehlsgewalt des Mannes stellt, auch nur einigermaßen verstehen zu können, müssen wir uns die Mühe machen, uns in die psychologische und situative Beziehungsstruktur einzudenken, die sich zwischen den Geschlechtern abgespielt haben könnte. Der Zusammenhang zu einem vorher notwendigen Begattungsakt zwischen Mann und Frau hat sich erst im Lauf der Menschheitsgeschichte als Erkenntnis ins Bewusstsein geschlichen. Das heißt, dass in prähistorischen Zeiten der Glaube bestand, Frauen bekämen einfach irgendwann Kinder. Da der Mensch unter den damals vorherrschenden harten Lebensbedingungen nicht allein zu existieren in der Lage war, trachteten die Menschen danach, möglichst in Gruppen das Leben zu bewältigen und dafür zu sorgen, dass die Sippe durch Nachwuchs gesichert war. Weitere Nachwuchs-Mitglieder zu erhalten war also gleichbedeutend mit einer Wertsteigerung. Frauen, die Kinder gebaren, waren somit einem fruchtbaren Acker vergleichbar oder sonst einer Produktionsmaschine, die Wertvolles herzustellen vermochte.

Dies ergibt ein Bild von vollständig unterschiedlichen Positionen und dem damit verbundenen gesellschaftlichen Status von Männern und Frauen. Wie bereits erwähnt, waren die Frauen hoch geachtet und waren die Trägerinnen der höchsten Kunst, nämlich neues Leben hervorzubringen und Nachkommenschaft zu sichern, während dem Mann diese Bedeutung nicht zukam. Er unterstützte sie zwar durch den Einsatz seiner Arbeit und trug somit indirekt zum Überleben der Sippe bei. Die Frauen aber waren zu einem überwiegenden Anteil für die Nahrungsbeschaffung zuständig, sie sammelten Wurzeln, Früchte und Pflanzen. Der Mythos vom Jäger als Nahrungsbeschaffer hält sich immer noch, obwohl schon längst erwiesen ist, dass sich die Menschen der Frühkultur vorwiegend pflanzlich ernährten.

Die Annahme, Kinder entstünden einfach im mütterlichen Leib ohne jegliches Dazutun von außen, gab also dem Mann auch für die Fortpflanzung keinerlei Bedeutung. Aber es wäre sicher falsch, wenn wir davon ausgingen, das männliche Wesen sei in den Frühkulturen unterdrückt oder seine Arbeitskraft ausgebeutet worden, wie wir dies heute in der umgekehrten Rollenverteilung kennen. Für ein solches Verhalten sind keinerlei Hinweise vorhanden, die eine solche Folgerung zuließen. Im Gegenteil: Alles deutet darauf hin, dass eine matrizentrierte oder egalitäre Gesellschaftsordnung so angelegt war, das Überleben der Sippe zu sichern, indem sich Frauen um Nachwuchs und Nahrungsbeschaffung kümmerten und dafür sorgten, dass ein friedvolles Miteinander möglich war. Die ranghöchste Frau übte ihr Amt aufgrund ihrer großen und umfassenden Kompetenz aus, was stets auch einen natürlichen Umgang mit Macht einschließt und vor allem ihren Missbrauch unmöglich macht.

In der Wirtschaft beginnt sich – wenn auch noch etwas zögerlich – ein neuer Trend abzuzeichnen. Überall, wo Frauen in statushöheren Positionen fungieren, zeichnet sich ihr Führungsstil dadurch aus, dass sie egalitäre Beziehungen herstellen. Dies bedeutet ein Verzicht auf machthierarchische Oben-unten-Strukturen.

Obwohl in einer matrizentrierten oder egalitären Beziehungskonstellation von Seiten der Frau keinerlei Entwertung des Mannes beabsichtigt war, ist dennoch nicht auszuschließen, dass sich die männliche Spezies einer Dauererkränkung durch den Status ihrer Bedeutungslosigkeit ausgesetzt fühlte. Jedenfalls könnte einer der Gründe für die Veränderung der Beziehungsformen darin liegen, dass sich in dem Moment, als der Zusammenhang von Begattungsakt und Nachkommenschaft in das Bewusstsein des Mannes drang, er seinen Beitrag in überdimensionierter Bedeutung zu bewerten begann. Obwohl sich kein Mann seiner großen Leistung anlässlich eines Geschlechtsverkehrs rühmen kann, sondern sich die Befruchtung quasi als Nebenprodukt erquickender Lust zufällig ergibt, begann er nun genau diese Winzigkeit seines Dazutuns aufzublähen und sich dadurch entsprechend aufzuwerten.

Der männlichen Logik ist nicht immer leicht zu folgen: Und wie sich auch kein Acker selbst verwaltet, sich keine Goldmine selbst ausschöpft, sich keine Kuh selbst melkt, schwang sich der Mann über die Frau auf, inkorporierte sie mitsamt ihrem Nachwuchs und betrachtete Frau und Kind als seinen Besitz. Somit wurde die Frau allmählich entrechtet und enteignet, später vom Wissen ausgeschlossen, um damit auch noch die Zwangsarbeit in Haus und Hof zu legitimieren. Ähnliche Mechanismen finden wir auch dort, wo sich fremde Herrscher Territorien aneigneteten und ganze Länder und Völker kolonialisierten und ausbeuteten.

Das Muster ist stets das gleiche: Da verfügt jemand über einen kostbaren Schatz, ein Gut, eine Funktion, eine Begabung, etwas, was der andere nicht hat. Diejenigen, die nichts haben, fühlen sich unterlegen und setzen nun alles daran, sich das Angestrebte anzueignen, um darüber zu verfügen. Und da es für diejenigen, die im Besitz einer schönen Sache, eines Wertes oder einer Begabung sind, keinen Grund dafür gäbe, anderen die Verfügungsgewalt zu überlassen, bietet der Nichthabende eine einleuchtende Gegenleistung dafür an. Was sich zuerst ganz vernünftig anhört und wie eine Arbeitsteilung aussieht, ändert sich dann aber sehr schnell. Zuerst muss der Eindruck entstehen, dass diejenigen, die etwas besitzen, zwar über etwas verfügen, aber unmöglich damit allein klarkommen. Diese Strukturen zeigen sich in Verhältnissen von Sängern und Schauspielern mit ihren Managern und Agenturen, von Malern mit ihren Galeristen, von Schriftstellern mit ihren Verlegern und von allen begabten Menschen, die etwas Besonderes herstellen, und ihren Verkaufsstrategen. Viele Künstler leben in einem Abhängigkeitsverhältnis, obwohl sie eigentlich diejenigen sind, aus denen Kunst geboren wird. Es ist nicht verwunderlich, wenn Manager an den Kunstwerken mehr verdienen als der Künstler. Trotz seiner Begabungen, seiner Fähigkeiten, seiner Talente fühlt er sich ohne seinen Verwalter hilflos und nichtig. Die Ausbeutung erfolgt stets auf der verwaltungstechnischen und nicht auf der kreativen und produktiven Seite. Ich habe noch nie einen Manager klagen hören, er sei von einem Künstler ausgebeutet und beschissen worden.

In einer Partnerbeziehung findet sich die gleiche Struktur. Obwohl Frauen immer wieder – wenn auch unfreiwillig – beweisen, dass sie sehr wohl in der Lage sind, sich mausallein um den Nachwuchs zu kümmern und ihn aufzuziehen, wirkt die Suggestion: »Ich werde im Wald nach wilden Tieren jagen, weil das zu gefährlich für dich ist.« Und weil der Mann in der Regel größer und stärker ist, leuchtet diese verführerische Arbeitsteilung ein. Da vom Mann Schutz- und Versorgungsfunktionen übernommen werden, gehört ihm als Gegenzug das Schutzobjekt samt allem Drum und Dran – auch was an Produktion aus ihm hervorgeht. Und irgendwann denkt die Frau: »Ich bin nicht in der Lage, für mich allein zu sorgen.« Sie begrenzt ihre Funktionen zunehmend auf Aufzucht und Pflege des Nachwuchses und überlässt ihm das Sagen, Handeln und Bestimmen.

So haben wir unsere wichtigsten Fähigkeiten der Selbstverantwortung und Selbstbestimmung dem Mythos geopfert, zu schwach zu sein, um selbst für uns und unseren Nachwuchs sorgen zu können. Das Bewusstsein unserer Fähigkeit, gezielt und kämpferisch für uns und unsere Kinder zu sorgen und unsere Lebensgrundlage zu verteidigen, ist uns abhanden gekommen. Obwohl Frauen in zahllosen Krisensituationen, wie etwa im Krieg, immer wieder Beweise dafür liefern, wie stark und kompetent sie eigentlich sind, fallen sie beim Anblick eines Beschützers unverzüglich zurück in Unfähigkeit und Schwäche. Dabei entgeht ihnen, dass es sich um eine typisch weibliche Gefälligkeit handelt, männliches Selbstbewusstsein zu stärken. Viele Frauen erahnen intuitiv, dass sich der Mann nur dann stark fühlen kann, wenn sie sich schwach zeigen. Und die vielen Männer, bei denen sexuelle Erregung vor allem durch die Stimulanz eines sehr jungen Mädchens in Gang gebracht wird, das möglicherweise auch noch von ihm abhängig ist, zeigen anschaulich, wie schwach sie sich fühlen müssen.

Unterdrückungsmechanismen in soziologischen Beziehungen entstehen bei ungleichen Fähigkeits- und Besitzverhältnissen. Da ist einmal die Fähigkeit, Leben aus sich hervorzubringen, was in jeder Gesellschaft eine bewusste oder unbewusste Vormachtstellung bedeutet. Dann kommt die Fähigkeit der Nahrungsbeschaffung hinzu, die weitgehend von Frauen geleistet wurde. Eine weitere Fähigkeit ist die erotische Stimulierung oder Befriedigung durch den weiblichen Körper. Die sexuelle Nutzbarkeit für den Mann gilt auch heute noch als ein oberstes, ungeschriebenes Gesetz, das kollektiv verdrängt wird. Bei einer solchen Anhäufung von weiblichen Schätzen ist es nicht verwunderlich, wenn von Seiten der Männer versucht wird, sich diesen Reichtum anzueignen und ihn sich in steter Dienstbarkeit zur Verfügung zu halten, was schließlich auch gelungen ist.

Eine andere Deutung über die Entstehung des Patriarchats, die gelegentlich diskutiert wird, läuft auf eine mechanistisch orientierte Erklärung hinaus. In Frühkulturen lag die durchschnittliche Lebenserwartung der Frau unter dreißig Jahren. In diesem kurzen Lebensabschnitt musste sie mehrere Kinder zur Welt bringen, damit eines oder zwei überlebten. Die Sterblichkeitsraten bei Geburten waren sehr hoch. Und vielleicht ergab sich durch diese Konstellation ein beträchtlicher Männerüberschuss, sodass sich einfach durch die Überzahl der Männer ein Dominanzanspruch über die Frauen ergab.

Allein aus dieser kurzen Zusammenfassung unserer Ahnengeschichte lässt sich rekonstruieren, wie unser Selbstbewusstsein allmählich verstümmelt wurde. Analog dazu verläuft in vielen Kulturen des afrikanischen Kontinents die körperliche Verstümmelung von Mädchen noch immer ungehindert: Schätzungen gehen von 120 bis 130 Millionen aus.[7] Die Klitoris wird abgeschnitten, die Schamlippen werden bis auf eine kleine Öffnung zum Urinieren zugenäht. Dem Gatten obliegt das Vergnügen, nach der Hochzeit sie in mehreren Anläufen aufzubohren. Diese unmenschliche Tradition demonstriert in grauenhafter Weise, wie im patriarchalen System über Frauen verfügt wird. Anschauungsunterricht: Während wir in unserer Kultur vor allem die psychischen Verstümmelungen kennen, die auf einer viel subtileren und oft kaum wahrnehmbaren Ebene verlaufen, verlagert sich die zerstörende Gewalt in Teilen der islamischen Kultur direkt auf den weiblichen Körper der Frau.

Der Angriff auf die psychische Unversehrtheit führt dazu, dass die Frau sich nicht mehr an sich orientieren kann und ihre Selbstorientierung, ihr Selbstwertgefühl und ihr Selbstbewusstsein verliert. Die körperliche Verletzung führt dazu, dass die Frau kein sexuelles Verlangen, demnach auch nie eine Befriedigung erlebt, und – so das Kalkül – niemals einen anderen Mann begehrt.

Ob die Entmachtung der Frau auf ein umfassendes psychologisch begründetes Minderwertigkeitsgefühl der Männer zurückgeführt werden kann oder ob es sich aus einer zahlenmäßig ungleichen Verteilung der Geschlechter ableiten lässt, ist vielleicht hinterfragbar. Der verzweifelte Versuch jedoch, mit welchem sich die meisten Männer darum bemühen, die eroberte Machtposition weiterhin zu besetzen, lässt aber sehr wohl die Vermutung aufkommen, dass wir es hier mit einem psychischen Problem zu tun haben. In keinem anderen Bereich neigt das männliche Wesen zu derart unlogischen Gedankengängen, als wenn es um die Ablösung patriarchaler Gesellschaftsordnungen geht. Wer die Abwehr und die Argumentationen ernst nimmt, kann etwas von der abgründigen Angst erahnen, die dem Mann unterschwellig seine gesamte Intelligenz vernebelt und für die einfachsten logischen Folgerungen völlig begriffsstutzig macht, wie etwa die Forderung nach paritätischer Verteilung von Macht und Entscheidungsgewalt zwischen Mann und Frau.

Der massive Widerstand gegen diese völlig natürlichen Forderungen ist letztlich verständlich. Es gibt eine Unmenge von unterdurchschnittlich begabten männlichen Amts- und Würdenträgern, Inhabern gewichtiger wirtschaftlicher Positionen, die sofort aus dem Rennen geworfen würden, kämen Frauen ernsthaft als Alternative in Frage. Die männliche Inkompetenz ist umfassend, und es gelang ihr nur deshalb, sich bis jetzt zu halten, weil die weibliche Intelligenz nicht ungehindert zum Zuge kommen konnte.

Der hoch geachtete römische Politiker Cato der Ältere – Marcus Porcius Cato (243–149 v. Chr.) – richtete einen warnenden Appell an seine Geschlechtsgenossen, der bis in die heutige Zeit gilt: »...sobald sie uns gleichgestellt sind, sind sie uns überlegen.«

Der hohe Preis für Weiblichkeit

Was wir heute unter Weiblichkeit verstehen, ist vor allem das, was uns durch die patriarchale Gehirnwäsche eingehämmert wurde. Weiblichkeit ist also all das, was die Notwendigkeit eines patriarchalen Systems nicht in Frage stellt, sondern festigt und stärkt. Weiblichkeit wird sozusagen als Hilfsmittel um den Glorienschein der Männlichkeit herumgewunden und hat nur den Zweck, das Objekt der Ver-Herr-lichung fraglos zu erhalten. Ebenso wird Weiblichkeit zur sexuellen Anregung und Stimulierung und zum Triebabbau für den Herrn verstanden und instrumentalisiert. Und je nach kulturellen Gepflogenheiten männlichen Idealen angepasst. Mal wird der weibliche Körper möglichst öffentlich enthüllt und feilgeboten, mal in sackähnlichem Regenmantel und Kopftuch verpackt. Was in unserer westlichen Gesellschaft als besonders weiblich gilt, ist in anderen Kulturen verpönt oder gar unter Strafe gestellt. Das Diktat geht vom männlichen Verständnis aus, wie es in seine Ideologie hineinpasst. Schließlich zeichnen sich Frauen durch eine große Anpassungsfähigkeit aus: Mal sind sie verhüllt, mal unverhüllt.

Weiblichkeit wird von Männern definiert, und somit muss Weiblichkeit immer mit dem Dominanzanspruch des Mannes kompatibel sein. Frauen, die als weiblich gelten wollen, dürfen nicht zu viel Selbstbewusstsein besitzen, weil sonst die Vorherrschaft des Mannes in Frage gestellt wird.

Wie ist es möglich, dass der einen Hälfte der Menschheit das Grundrecht, selbst über sich zu bestimmen, nicht als selbstverständlich zugestanden wird? Eine Frau, die sich für sich und ihre Anliegen stark macht, muss damit rechnen, als unweiblich abqualifiziert zu werden. Und falls sie ihr Selbstbewusstsein aus der gängigen Vorstellung von »Weiblichkeit« bezieht, wird sie nicht darum herumkommen, auf Selbstbehauptung zu verzichten. Um dennoch einigermaßen über die Runden zu kommen, wird sie einen Mann suchen, der stellvertretend für sie ihre Anliegen vertritt. Um auf der Suche erfolgreich zu sein, tut sie gut daran, sich möglichst für den Mann Appetit anregend zu präsentieren, was in der Regel sexuelle Stimulation bedeutet. Damit ist der Kreislauf geschlossen, und die Falle schnappt zu.

Weiblichkeit zu leben heißt also vor allem, die Orientierung nicht in sich selbst zu suchen, sondern außerhalb. Im Zentrum ihres Daseins steht der Mann. Sie sorgt sich um ihn, statt sich selbst zu versorgen. Von seinem Wohlwollen hängt ihr Selbstwertgefühl ab. Solange sie ihm gefällt, kann sie es erhalten, sinkt sein Interesse, sinkt auch ihr Selbstwertgefühl. Dass aus einem derartigen psychischen Kuhhandel kein Selbstbewusstsein erwächst, dürfte klar sein.

Weiblichkeit muss also immer dahin gehend verstanden werden, dass es System erhaltend wirkt, das männliche Selbstbewusstsein stärkt und seinen Sinnen zur Freude und zur Lust gereicht. Verhaltensweisen von selbstsicheren und selbstbewussten Frauen gefährden das Selbstbewusstsein des Mannes und torpedieren seine Größen- und Überlegenheitsfantasien, und deshalb werden solche Frauen einfach als »unweiblich« abgetan. Dann können sie sich entscheiden, ob sie sich selbst, ihrer Stärke und ihrer Kompetenz treu sein wollen, dabei aber als unweiblich abgeurteilt werden – was gleichbedeutend damit ist, keine richtige Frau mehr zu sein – oder sich möglichst schnell die gerügten Verhaltensweisen abzugewöhnen, dafür aber als Frau dazugezählt zu werden. Viele Frauen bleiben dabei auf der Strecke oder pendeln von einem Extrem ins andere, was zweifellos nicht dazu dient, in sich eine bessere Selbstorientierung zu finden. Wer sich stets selbst verleugnet, wird auch kaum Zugang zu seinem inneren Selbstwert finden. Und wer kein Selbstwertgefühl entwickeln kann, hat auch kein Selbstbewusstsein.

In unserer Gesellschaft gelten alle Eigenschaften wie Autonomie, Kompetenz, Selbstverantwortung, geistige und materielle Potenz eher als unweiblich, zumindest als für eine Frau nicht fraglos unproblematisch. Das heißt, dass wir nicht in aller Selbstverständlichkeit aus unserer inneren Kraftquelle schöpfen, sondern dazu neigen, uns wenigstens nach außen ein bisschen hilfsbedürftig darzustellen. Wir schmälern also unseren Fähigkeitsbereich, grenzen ihn freiwillig ein, damit sich das männliche Größenselbst umso besser ausdehnen kann. Und dadurch erfährt unser Selbstbewusstsein zwangsläufig Beeinträchtigung und gerät in Raumnot. Denn in diesem Spiel, unsere eigene Kompetenz und Fähigkeiten zu verbergen oder gar zu verleugnen, kann es nur zu leicht geschehen, dass sie uns tatsächlich abhanden kommen.

Deshalb ist der erste Schritt, mehr Selbstbewusstsein zu erlangen, die Auseinandersetzung mit der eigenen Weiblichkeit, das heißt die volle Rehabilitation der gesamten Bandbreite aller Fähigkeiten, Begabungen und Kompetenzen. Wer sich mit seiner eigenen Weiblichkeit versöhnt, kann unmöglich weiterhin auf die Kraftquellen des eigenen Handelns und Entscheidens verzichten und sich in eines der angebotenen niedlichen Kostümchen hineinzwängen, die die Bewegungs- und Gestaltungsfreiheit einschränken oder ganz unmöglich machen.

Frauen sind anders als Männer. Wir haben einen anderen Körper. Wir denken anders. Wir fühlen anders. Wir handeln anders, und wir sprechen auch anders. Wer in einem weiblichen Körper wohnt, macht grundsätzlich andere Erfahrungen des In-der-Welt-Seins. Der Wohnraum in einem weiblichen Körper ist ein völlig anderer als in einem männlichen. Wir erleben unseren Körper in räumlicher Dimension, wir sind höhlenreich, verfügen in uns über einen Raum, der in der Schwangerschaft das neue Leben birgt und ihm Heimat gibt. Wir erleben auch die Sexualität als ein innenräumliches Ereignis. Diese Erfahrungen prägen uns und machen uns hellhörig für alles, was sich im Innern abspielt.

Auf alle Fälle kämen wir niemals auf die Idee, dass es

nicht ebenso eine innere Wirklichkeit gibt. Die Fähigkeit, Räumlichkeit in sich zu erleben, können wir bereits bei kleinen Mädchen feststellen, wenn es beispielsweise darum geht, sich in die inneren Verhältnisse eines anderen Menschen einzudenken, um sein Erleben besser nachzufühlen. Mitgefühl ist eine Eigenschaft, die vor allem Frauen auszeichnet. Es ist sicher kein Zufall, dass gerade Frauen im Umgang mit anderen zur größeren sozialen Bereitschaft tendieren, mit anderen zu teilen, um andere an Erfahrungen partizipieren zu lassen. Unsere Bereitschaft, sich in den anderen einzufühlen und seine Bedürfnisse und Wünsche zu verstehen, kann gar so weit gehen, dass sich Einfühlung pervertiert und das eigene Wohl ausgeblendet wird, wenn wir zum Beispiel auch jenen Männern unser Körperhaus zu Verfügung stellen, die das ihnen eingeräumte Gastrecht schamlos missbrauchen und sich dabei wie Hauseigentümer verhalten.

Ein weiteres Grunderlebnis wird dafür sorgen, dass sich Frauen in Beziehung zu Macht und dem Wahn, auf alles Einfluss nehmen zu können, um einiges realistischer verhalten als Männer. Ein junges Mädchen erlebt, wie sich die Menstruation in ihm vollzieht, ohne dass es auf diesen Vorgang in irgendeiner Weise Einfluss nehmen könnte. Es lernt also schon sehr früh: Es gibt Dinge im Leben, die weder zu beeinflussen noch zu steuern sind.

Ebenso verhält es sich mit der Schwangerschaft. Ist sie erwünscht, so erleben wir sie als ein großes Geschenk, und kaum eine Frau denkt: Das habe ich geschickt eingefädelt. Eine unerwünschte Schwangerschaft hingegen hängt als düstere Schicksalswolke über der Frau, der ganze Lebensplan, die Zukunftsvisionen sind zerstört. Und sie weiß eines mit Sicherheit: Ich kann dagegen nichts tun. Ich bin diesem Ereignis ausgeliefert. Und ein Schwangerschaftsabbruch ist auf jeden Fall für das Erleben der Frau ein Versuch, Himmel und Hölle aus den Angeln zu heben. Trägt sie aber die Schwangerschaft aus, erlebt sie die Unerbittlichkeit eines Zeitkontinuums von neun Monaten: Eine Schwangerschaft dauert neun Monate, dauert neun Monate, dauert neun Monate... Das alles schärft ihre Fähigkeit, Machbarkeit realistisch einzuschätzen und dadurch dem Größenwahn, dass letztlich alles steuer- und machbar sei, erst gar nicht zu verfallen.

Damit sage ich aber in keiner Weise, dass die Differenz, die durch die unterschiedliche körperliche Situation entsteht, deshalb dazu legitimiert, bestimmte Funktionen, Einschränkungen und Ausgrenzungen abzuleiten, wie dies immer wieder aus traditioneller Sichtweise geschieht. Die körperliche und psychische Differenz zwischen den Geschlechtern bedeutet nicht, dass die Fähigkeiten, Kompetenzen und Begabungen allein auf körperliche Funktionen reduziert werden, was zweifellos eine Garantie zur Erhaltung patriarchaler Gesellschaftsordnungen wäre. Vielmehr will ich darauf hinweisen, dass wir durch unsere körperliche Situation bestimmte Erfahrungen machen, die wir als Wissen speichern und die unser Grundgefühl prägen. Das Patriarchat hat die weiblichen Grunderfahrungen zu seinen Gunsten schamlos ausgenützt und dafür gesorgt, dass sich daraus bestimmte Funktionen herleiten lassen, von denen vor allem die Männer profitieren.

In einer patriarchalen Gesellschaft wird die Fähigkeit der Frau, Kinder zu gebären, als ein Defizit dafür uminterpretiert, sich geistig zu betätigen. Es ist noch nicht lange her, da wurde die Frage diskutiert, ob Frauen überhaupt ein Gehirn haben. Frauen waren für die Fortpflanzung nötig, für die Aufzucht der Kinder und um den häuslichen Bereich in Ordnung zu halten. Wie weit entfernt liegt das Bild der Frau im Matriarchat, die souverän über all ihre Möglichkeiten verfügte und dafür hoch geachtet wurde!

Heute regieren, verwalten und kontrollieren Männer die Welt. Und wer glaubt, dass sich dies doch längst verändert habe, irrt gewaltig. Wir sprechen zwar mehr darüber, diskutieren öffentlich über das Recht auf Gleichheit von Mann und Frau. Noch immer leisten Frauen zwei Drittel der gesamten Weltarbeit, werden dafür mit zehn Prozent entlöhnt, sie besitzen weniger als ein Hundertstel des Eigentums der Welt. Diese Zahlen wurden 1980 von einer Kommission der Vereinten Nationen ermittelt. Und sie gelten noch immer.

In Führungs- und Spitzenpositionen der Wirtschaft sind vier Prozent Frauen anzutreffen, bei Professoren beträgt der Frauenanteil dreieinhalb Prozent. Bezüglich des Einkommens zeigt sich in frauentypischen Branchen das niedrigste Lohnniveau, was sich im Rentenalter nochmals »auszahlt«: Drei von vier Rentnerinnen erhalten eine Rente, die geringer ist als der Sozialhilfesatz. Armut im Alter ist vor allem Armut der Frauen.

Die Definition von Weiblichkeit kreist in unserer Gesellschaft um Benachteiligung, um Abhängigkeit und sexuelle Ausbeutung, um Fremdbestimmung und um Minderwertigkeit. Auch bei Frauen, die für sich längst die gleichen Rechte in Bildung und Einkommen erkämpft haben, bleibt ein Bodensatz, eine Erinnerung in den Zellen. Die einen setzen sich unermüdlich für Gleichberechtigung und Gleichstellung von Mann und Frau ein, andere bestreiten vehement Ungleichheit und identifizieren sich unverhohlen mit der männlichen Siegerseite. In diesem Schwesternstreit beschimpfen sie sich gegenseitig als »unweiblich« und sorgen damit für gegenseitige Schwächung.

Die uns als weiblich angebotenen Rollen sind in engen Grenzen definiert und lassen nur bestimmte Funktionen zu. Zudem ist jede Rolle auch noch an ein bestimmtes äußeres Erscheinungsbild gekoppelt. Wir wissen, welche Funktionen einer Mutter von drei Kindern zustehen und wie sie auszusehen hat. Wir wissen, nach welchen Regeln eine berufstätige Frau zu funktionieren und wie sie sich nach außen zu präsentieren hat. Wir wissen es von den Politikerinnen. Von den Geschäftsfrauen. Von den Alleinerziehenden. Unsere Vorstellungen weichen oft voneinander ab und geben Anlass zu heftigen Diskussionen, wer nun wohl eher als Frau bezeichnet werden kann und welches Frauenbild das passendere ist.

Zur möglichst sicheren Erhaltung des Patriarchats kann nichts Besseres geschehen, als dass wir uns diese Grabenkämpfe liefern, uns gegenseitig die viel zu kleinen Kostümchen und Korsettchen um die Ohren schlagen und so unsere Kraft vergeuden.

Dabei hätten wir genug damit zu tun, mit offenen Augen durch die Welt zu gehen, um den Blick für die Fakten einer pervertierten Gesellschaftsstruktur zu schärfen, in welcher ungleiche Herrschaftsverhältnisse zwischen Mann und Frau noch immer zum gängigen Alltag gehören. Und noch immer kommt die Bezeichnung »Feministin« einer Beschimpfung gleich und ist Ausdruck einer tiefen Verächtlichkeit.

Statt dass wir Frauen wie unsere Vorfahren (sei dies in einer egalitären Gesellschaft oder im Matriarchat) erhobenen Hauptes, im vollen Bewusstsein unseres Wertes, unserer Fähigkeit und Kraft daherschreiten, gehen wir verunsichert mit eingezogenem Kopf zwischen den Schultern durch die Gegend oder drapieren uns wie ein niedliches Blumensträußchen in die Landschaft in der Hoffnung, vom Herrn gesehen, erkannt und letztlich begehrt zu werden. Unser Löwinnenbewusstsein ist uns abhanden gekommen. Wir erinnern uns zwar noch an etwas, das einmal war, aber es will uns nicht gelingen, das einstige Bewusstsein zurückzupfeifen. Wir sind wie Vögel ohne Flügel. Die elementarsten Kräfte sind uns geraubt.

Wie sollte es möglich sein, auf dieser Basis ein gesundes Selbstbewusstsein zu entwickeln!

In unserer Kultur wird Aggression grundsätzlich negativ bewertet. Handelt es sich aber um männliche Aggression, wird dieser unverzüglich mildernde Umstände zugestanden und hormonell begründet. Aggressives Verhalten wird beim Mann entweder entschuldigt, verdrängt oder bagatellisiert. Sobald aber Aggression mit Weiblichkeit in Verbindung gebracht wird, ändert sich das. Während einem als aggressiv bezeichneten Mann auch durchaus liebenswürdige Seiten zugestanden werden (»Im Grunde seines Herzens ist er ganz weich und lieb«), kann eine Frau auf diese differenzierte Wahrnehmung ihrer Eigenschaften und Beurteilung ihres Wesens nicht rechnen. Eine aggressive Frau wird nicht nur mit einer wild um sich schlagenden, keifenden und angriffslustigen Furie gleichgesetzt, sondern erhält auch noch das Etikett besonderer Gefährlichkeit, was beinahe eine staatsfeindliche Komponente impliziert. Als aggressiv bezeichnet zu werden, kommt für eine Frau beinahe einem Todesurteil gleich; entweder werden solche Frauen als Verrückte bezeichnet, die eigentlich in einer psychiatrischen Klinik untergebracht werden müssten, oder als Terroristinnen, die schnellstens hinter Schloss und Riegel gebracht werden sollten.

Was aber steht hinter dem Begriff Aggression? Zunächst hat sie überhaupt nichts mit Destruktion, mit Zerstörung und Vernichtung zu tun, sondern beschreibt lediglich eine nach vorwärts gerichtete Antriebskraft. Aggression muss als zielgerichtete und durchdringende Energie verstanden werden, als Offensivkraft. Die Erde stünde still, gäbe es diese Kraft nicht. Aggression ist ein Urprinzip, das sich in allen Lebensbereichen manifestiert, das sich aber stets in den Dienst des Werdenden stellt. Kein Kind würde je das Licht der Welt erblicken, würde es nicht von einer ungeheuer intensiven Kraft durch den Geburtskanal gestoßen. Jede Frau, die ein Kind zur Welt bringt und von den letzten Presswehen überrollt wird, erfährt diese Urkraft am eigenen Leib und dringt in diesem Moment in das tiefste Geheimnis des Mysteriums Leben ein. Gerade im Geburtsvorgang wird deutlich, mit welchen aggressiven Impulsen sich das neue Leben durchsetzt, die Fruchtblase sprengt und sich vom hinderlich Umhüllenden befreit. Das Wehen des großen Weltatems, das menschliches Leben nährt, wandelt sich in Momenten der Erneuerung in ein großes Weh. Und das ist der Preis.

Im Tierreich spiegelt sich dieses Urprinzip nicht nur in der Produktion neuer Lebewesen, wie etwa beim Küken, das mit seinem spitzen Schnabel die Eierschale aufhacken muss, um auszuschlüpfen, sondern auch in eindrücklicher Weise in der Nahrungsbeschaffung. Auch in der Natur wird die unberechenbare Kraft aggressiver Impulse durch unaufhaltsames Streben nach Wachstum und Erneuerung illustriert. Im Frühjahr *sprengt* diese Kraft die winterliche Ruhepause, die Knospen *brechen* auf, Keimlinge *durchbohren* die Erde, Bäume *schlagen* aus. Hildegard von Bingen[8] nennt diese Energie »Grünkraft«.

Wenn nun aber der größenwahnsinnige Versuch unternommen wird, ein Urprinzip zu unterbinden, wird sich die ausgetrickste oder gar blockierte Energie andere Wege suchen. Die vorwärts drängende Kraft ist mit einem gigantisch breiten dahinfließenden Strom zu vergleichen. Solange er sich in seinem Flussbett fortbewegt, geschieht nichts, außer dass das Wasser in Bewegung ist und absehbare Gefahrensituationen birgt. Wird nun das Flussbett verengt oder das ungehinderte Weiterfließen ganz verhindert, tritt das Wasser über die Ufer, die ausgebrochene Flut bahnt sich andere Wege und richtet großen Schaden und Zerstörung an.

Und genau so verhält es sich mit aggressiven Impulsen.

Aggression an sich ist eine vorwärts drängende und nicht eine zerstörerische Kraft. Wenn sie in dem für »Aggression« vorgesehenen Flussbett bleibt, geschieht nichts Zerstörerisches. Wenn sie aber den ihr zustehenden Raum nicht erhält, wird sie sich einen Ausweg suchen und ihn mit Sicherheit auch finden. Und dann wirkt dieses umgewandelte Urprinzip vernichtend, zerstörerisch und kriegerisch.

In allen Bereichen zeigt sich deutlich, wie sich dieses dem Menschen zum Wohle und zum Leben dienende Prinzip der Aggression sofort ins Negative verkehrt, wenn es unterdrückt wird.

In sozialistischen und kommunistischen Systemen, deren Grundthese die Gleichheit aller vorsieht, zeigt sich geradezu exemplarisch, was geschieht, wenn das Urprinzip Aggression·unterdrückt wird. Die wichtigste, den Menschen nach vorne treibende Kraft, selbstverantwortend sein Leben zu gestalten, wird unterbunden. Ob der Mensch sich durch eine besondere Leistung, durch eine besonders kreative Idee oder Erfindung, durch ein wirtschaftliches oder kulturelles Projekt auszeichnet − seine Situation bleibt stets die gleiche. Politische Systeme, in denen das Gleichmachende zum Prinzip erhoben und gar als besonderes Merkmal sozialistischer Werte hochstilisiert wird, entpuppen sich als besonders asozial und inhuman.

Wem die vorwärts drängende Kraft gestoppt wird, die sich gerade durch das Hervorbringen herausragender Leistungen zum Ausdruck bringt, wird seines kostbarsten Gutes, seiner Lebensmotivation beraubt. Wer nicht über sich selbst bestimmen kann und wer nicht in den höchsten Genuss der Selbstverantwortung vordringen darf, ist dazu verdammt, auf sein eigenes Leben zu verzichten und andere über sich bestimmen zu lassen. Die Verlockung, durch ein staatliches Auffangsystem versorgt zu werden, mag vielleicht zunächst noch reizvoll sein. Interessant ist doch, dass ausgerechnet die Menschen, denen staatliche Subventionen zuteil werden, in keiner Weise ihrem Versorger in Dankbarkeit zugeneigt sind. Im Gegenteil: Eine große Unzufriedenheit geht durch die Reihen, jeder fühlt sich benachteiligt und schimpft über das Staatswesen und ihre Vertreter. In Frankreich beispielsweise gingen unzufriedene Arbeitslose auf die Straße, um für Weihnachtsgeld zu demonstrieren.

Auch in der Friedensbewegung zeichnen sich gefährliche Ausgrenzungsstrategien dieses Urprinzips Aggression aus. Wir erleben immer wieder exzessive Auseinandersetzungen, in denen die verdrängten aggressiven Impulse unverhohlen in zerstörerischer Weise zum Ausdruck kommen. Der Farbbeutel, der dem deutschen Außenminister Joschka Fischer während des Bundesparteitages der Grünen an den Kopf geworfen wurde, zeigt das ausgegrenzte Aggressionspotenzial in seiner Gefährlichkeit, denn der Mann, der Fischer angriff, gilt als Mitglied der Friedensbewegung.

Obwohl sich gerade in unserer Gesellschaft alle von Aggression distanzieren, herrscht wie noch nie zuvor in der Menschheitsgeschichte ein solches Ausmaß an Vernichtung, Zerstörung und Gewalt gegen Leib und Leben.

Wie bereits erwähnt, ist das Verhältnis und die Bewertung zur Aggression geschlechtsspezifisch. Und auch in diesem Bereich hat das männliche Wesen die weitaus besseren Karten als das weibliche. Während dem Mann unzählige gesellschaftlich tolerierte Möglichkeiten zur Verfügung stehen, seine Vorstellungen und Anliegen zum Ausdruck zu bringen, sich durchzusetzen oder aber auch Dampf abzulassen, hat die Frau diese Möglichkeit nicht. Grundsätzlich gilt: Selbst wenn ein Mann zerstörerische, aggressive Impulse lebt, braucht er keinerlei gesellschaftliche Ächtung zu befürchten. Darüber hinaus steht ihm im Allgemeinen ein weites Feld der Betätigung offen, in welchem er in konstruktiver Weise seine vorwärts drängende Kraft umsetzen kann, wie zum Beispiel in beruflichen, politischen und weitgehend auch in gesellschaftlichen Bereichen. Er kann konkurrieren, andere aus dem Rennen schlagen, andere überrunden und vor allem unumwunden seine Ziele, die er zu erreichen gedenkt, kundtun. Männer haben keine Mühe, ihren Anspruch auf Macht zu vertreten. Dabei demonstrieren sie nichts anderes als ihre Stärke, ihre Durchsetzungskraft und ihr großes Energiepotenzial.

Eine Frau hingegen, die die gleichen Verhaltensweisen an den Tag legt, wird als unweiblich regelrecht zur Strecke gebracht. Da, wo der Mann das Urprinzip Aggression angstfrei und unbesorgt auslebt, wird es für uns Frauen zusätzlich zur Gratwanderung und schließlich zur Falle.

Wie gesagt, können nun aber aggressive Impulse in Form einer vorwärts drängenden Energie nicht gelebt werden, suchen sie sich einen anderen Weg und werden zerstörerisch und gewalttätig. Auch hier hat der Mann grundsätzlich eine für ihn bessere Position, in seinem psychischen Haushalt für einen Druckausgleich zu sorgen. Selbst wenn Aggression pervertiert und sich gegen andere Menschen richtet, tragen die Konsequenzen nicht die Männer, sondern meist die Frauen: Jede fünfte Frau erlebt Gewalt am eigenen Leib.

Nicht wenige Männer schlagen ihre Frauen und Freundinnen. Solche Gewalthandlungen können entweder eine einmalige Ohrfeige sein (*»Das kann doch jedem passieren!«*) oder in regelmäßigen Wiederholungen stattfinden. Es gibt Männer, die ihre Frauen entweder halb oder ganz tot schlagen. Und es gibt Männer, die Frauen umbringen, die sie nicht einmal kennen. Männer vergewaltigen Frauen. Am helllichten Tag oder in dunklen Nischen. Sie vergewaltigen Frauen, die sie kennen oder nicht kennen. Und manchmal vergewaltigen sie Frauen und Mädchen und ihre eigenen Kinder. Auch gibt es Männer, die zuerst vergewaltigen und die Opfer hinterher umbringen. In Kriegen gehört es mitunter zur Kampfstrategie gegen ein Volk, Frauen systematisch zu vergewaltigen, das heißt, eine Frau wird von mehreren Männern hintereinander vergewaltigt. Oft werden Kinder und Angehörige gezwungen, dabei zuzusehen. Aber selbst diese pervertierte Umsetzung männlicher Aggression erfährt keine konsequente Missbilligung durch eine restriktive Bestrafungspraxis. Die unterschiedlichen Formen von Gewalt gegen Frauen werden in unserer Rechtsprechung noch immer halbherzig geahndet, je nach Zusammensetzung des männerbündelnden Gerichts. Somit wird die zerstörerische Aggression von Männern stillschweigend toleriert.

Wie aber reagieren nun Frauen darauf in einer Gesellschaft, in der die Umsetzung des Urprinzips Aggression ausschließlich Männern, aber keineswegs ihnen zusteht? Mit Frauen, die es dennoch wagen, ihrer vorwärts strebenden Kraft Ausdruck zu verleihen, geht man in der Öffentlichkeit alles andere als zimperlich um. Egal ob sie als schrill, schräg, dumm oder straftatverdächtig bezeichnet werden: Immer werden sie als Mensch abqualifiziert und als unweiblich ausgemustert. Diese entwertende und zum Teil zutiefst kränkende Behandlung engagierter Frauen wirkt sich nicht gerade ermutigend auf andere aus, sondern erzielt eine abschreckende Wirkung. Viele Frauen würden sich lieber die Zunge abbeißen und in den Erdboden versinken, als ihrer Durchsetzungskraft Ausdruck zu verleihen.

Da es sich aber bei der Aggression um ein Urprinzip handelt, löst sich die Energie nicht einfach in Luft auf. Da, wo beim Mann die blockierte vorwärts drängende Energie der Aggression in destruktive Kanäle fließt und durch Gewalt, Kriminalität, Krieg und Zerstörung abgeleitet wird, verstummt die Frau. Sie wird eher dazu neigen, die abgewürgte Energie in Form von psychischer oder physischer Krankheit zum Ausdruck zu bringen. Nur wenige werden gewalttätig, die weibliche Kriminalität beträgt gerade mal etwa sechs Prozent (Drogendelikte nicht eingerechnet), und was Kriegshandlungen betrifft, sind Frauen kaum vertreten. Bei Gewalttaten in kriegerischen Auseinandersetzungen wie Folterungen und ethnische Säuberungen sind so gut wie überhaupt keine Frauen beteiligt.

Das heißt nun aber, dass sich weibliche Aggression durch andere Kanäle zu entladen versucht. So kann zum Beispiel jede gedankliche Beschäftigung mit Gewalt und destruktiver Aggression als ein Versuch verstanden werden, allein durch die Thematisierung in den Medien etwas Druck loszuwerden.

Eine andere beliebte Möglichkeit, die von Frauen unbewusst gewählt wird, ist die der Opferrolle. Das heißt, sich in eine Hilflosigkeit hineinzuspiralen und die eigene Handlungsunfähigkeit zu beklagen. Wer Frauen genau zuhört, wenn sie sich beispielsweise über ihren dominanten Partner beklagen, kann unter und zwischen den Worten das Säbelrasseln hören. Die Beispiele, die die Untaten des anderen und die eigene Hilflosigkeit illustrieren sollen, werden dann in unzähligen Wiederholungen nochmals und nochmals berichtet, bis der aggressive Funke auf die ZuhörerInnen überspringt und diese sich genervt abwenden. Die eingekapselte Durchsetzungskraft verwandelt sich zu einer Selbst–Zersetzungs-Aktion, deren Ehrenrettung noch darin besteht, sich selbst zu bemitleiden oder wenigstens von anderen als Opfer bedauert zu werden. Solche Frauen sagen Sätze wie »Mein Partner *würde* mir niemals erlauben, dass ich einen Kurs ›Selbstbewusstseins-Training‹ besuchen kann«, »Mein Mann *wäre* nicht *bereit*, samstags auf ein warmes Mittagessen zu verzichten«, »Mein Mann *hätte* niemals zugestimmt, dass ich meine Berufstätigkeit wieder aufnehme.«

Aus diesen Äußerungen wird ersichtlich, dass sich die gegnerischen Angriffe relativ harmlos zeigen und immer nur im Konjunktiv zur Anwendung kommen. Wahrscheinlich wurde der Versuch, eigene Wünsche umzusetzen, erst gar nicht unternommen, sondern die Unterordnung erfolgte bereits als vorweg eingeräumte Selbstverständlichkeit. Die vorwärts strebende Energie wurde bereits vorher gebremst, was immer eine große Frustration bedeutet und selbstverständlich eine unterschwellige Wut auslöst, auch wenn sie nicht von allen bewusst registriert wird. Die eigene Wut wird nicht wahrgenommen, sondern in einer reichlich bunt bebilderten Erzählung zum Ausdruck gebracht. Die Illustrationen sind ausschließlich mit Wut gepinselt, was dazu führt, dass sich andere oft genervt oder gar angewidert abwenden. Frauen, die zu dieser Form neigen, ihre aggressiven Impulse loszuwerden, sind auf der ganzen Linie die Verliererinnen. Zum einen werden sie ihre Wut nie los, sie brodelt stets weiter vor sich hin, zum anderen wird ihnen bald niemand mehr zuhören wollen.

Wir können diesen Mechanismus sogar bei Frauen beobachten, die Gewalt ausgesetzt sind. Der Impuls, sich dagegen zu wehren, das Unrecht in die Welt zu schreien oder Hilfe zu holen, ist gebrochen. Es bleibt nur die Flucht in die Opferrolle. Und nicht selten lösen Frauen, die sich als Opfer sehen und dadurch zum Mitleid auffordern, bei den Umstehenden eine Wut aus, die sich aber gegen das Opfer richtet. Die nicht gefühlte Wut des »Opfers« springt quasi wie ein unsichtbares Virus auf den Nächsten über und bricht dort aus.

Der indirekte Ausdruck von Wut zeigt sich auch im häufigen Klagen. Schlecht über andere reden, Missgeschicke und Misserfolge anderer weitererzählen, stetes Nörgeln, Meckern, Kritisieren und Miesmachen sind verkappte Äußerungen von Wut und Ärger. Und wenn Frauen genau diese Eigenschaften vorgeworfen werden, zeigt es eigentlich nichts anderes, als dass der Wutkanal total verstopft ist.

Ebenso ist beharrliches Schweigen ein Anzeichen von Aggression, die sich destruktiv auswirkt: Totalverschluss der Kommunikation. Es ist eine der Formen, die Partner und Familienmitglieder, ganz besonders auch Kinder, am härtesten treffen. Wer mit Personen lebt, die ihre Aggressionen durch hartnäckiges Schweigen zum Ausdruck bringen, ist einer Flut von eigenen Emotionen ausgesetzt, die schwer zu schaffen machen. Auch hier springt die verstummte Wut auf die anderen über und sorgt dafür, dass ihnen schließlich der Kragen platzt. Auf Aggression beruhendes Schweigen kann daher bei den Angehörigen eine große Wut auslösen und auch bei sonst durchaus friedfertigen Personen bis zu Tätlichkeiten führen.

Um ein weiteres Beispiel zu nennen: Während Zynismus vor allem in intellektuellen Kreisen für viele Männer ein beliebtes Stilmittel ist, um aggressive Impulse loszuwerden, greifen Frauen zu kritischen Äußerungen, die andere »heruntermachen«. Statt anderen ehrlich die Meinung zu sagen und dazu zu stehen, ist Entwertung eine typisch weibliche, verkappte Aggression. Und wenn wir beobachten, wie viele Vorwürfe von Frauen sich gegen Frauen richten, die als wichtigste Aussage die Entwertung beinhalten, so lässt sich allein an dieser Tatsache ablesen, wie viel Aggressionsenergie bei Frauen auf diese indirekte Art verarbeitet werden muss.

Frauen gehen aber noch einen Schritt weiter. Sie entwerten nicht nur andere, sondern auch sich selbst. Viele Frauen haben nicht nur eine schlechte Meinung von anderen Frauen, sondern genauso von sich selbst. »Ich mag Frauen nicht« heißt im Klartext »Ich mag mich nicht«. Und das ist eine ernst zu nehmende Katastrophe. Schließlich lebt jede mit sich bis an ihr Lebensende. Und mit sich zusammen zu sein und sich nicht zu mögen, ist eigentlich auf Dauer beinahe nicht auszuhalten. Dies ist ein hervorragender Nährboden für Depressionen, da die Angriffe nach innen gerichtet werden. Sich nicht zu mögen ist letztlich ein Frontalangriff auf das Selbstwertgefühl, an dessen äußerster Spitze der Selbstmord steht.

Wenn wir uns jetzt noch einmal vor Augen führen, in welchen gesellschaftlichen Bedingungen Frauen leben, können wir mangelndes Selbstbewusstsein als die logische Folge weiblicher Sozialisation verstehen, die für weibliche Aggression keine Entfaltungsmöglichkeiten vorsieht.

Wenn Frauen auf die Urkraft der vorwärts drängenden Energie der Aggression, auf ihre »Grünkraft« verzichten müssen, könnte man ihnen gleich alle Zähne ziehen. Ohne Aggression haben wir keinen Biss, kein Durchsetzungsvermögen, sind von keiner Kraft durchdrungen, das gesetzte Ziel zu erreichen. Diese Schwächung aber dient durchaus der Erhaltung des Patriarchats. Würden Frauen ihrer vorwärts drängenden Kraft folgen, ungeachtet dessen, als unweiblich abgekanzelt zu werden, wären die Herren bald aus ihrer Vormachtstellung auf ein erträgliches Maß paritätischer Verhältnisse zurückgepfiffen.

Dies würde bedeuten, dass weibliche Intelligenz überall mitmischt und mitbestimmt. In der Wirtschaft würden Frauen zu gleichen Teilen partizipieren – was einer Revolution gleichkäme.

In allen verwaltungstechnischen Bereichen würden Frauen dafür sorgen, dass nicht verschwenderisch mit Zeit und Geld umgegangen wird. Frauen würden sich dafür einsetzen, dass der administrative Aufwand zur Erfassung und Verwaltung eines Menschenlebens in einem vernünftigen Rahmen bliebe.

An Universitäten würde der Anteil der Professorinnen fünfzig Prozent ausmachen – was ebenfalls einer radikalen Umstrukturierung gleichkäme und eine Verlagerung der Wissengebiete und Forschungsprojekte nach sich zöge, was auch weibliche Interessen voll und ganz mit einbezieht.

In Print-, Audio- und TV-Medien würden sie für eine Verträglichkeit mit der menschlichen Intelligenz sorgen. Was bis jetzt nicht der Fall ist, da sich die Herren weitgehend von bewussten und unbewussten erotischen Stimulanzsauslösern leiten lassen – wie etwa bei einem Hund, der durch den Geruch eines Knochens in die entsprechende Richtung springt.

Und schließlich würden Frauen in der Politik dafür sorgen, dass in allen Bereichen, die menschliches Leben auszeichnet, die Sozialverträglichkeit für Frauen, Männer und Kinder gewährleistet ist und die uns anvertrauten Schätze der Erde bewahrt werden.

Das ist letztlich die Aufgabe, die uns gestellt ist. Und so gesehen ist das Zurückfinden zum eigenen Selbstwert, aus dem sich ein gesundes Selbstbewusstsein entwickelt, nicht nur eine persönliche Luxusbeschäftigung, sondern im weitesten Sinne eine zwingende und hochpolitische Aufgabe für jede Frau.

Die Welt ist aus den Fugen geraten. Die Staatskassen sind leer. Die Schätze und Ressourcen dieser Erde sind ausgeplündert. Misswirtschaft gähnt uns entgegen. Männliches Denken ist längst an seine Grenzen gestoßen.

Das Patriarchat hat seine Unfähigkeit unter Beweis gestellt und müsste freiwillig kapitulieren. Die patriarchale Ordnung richtet sich nach dem vaterrechtlichen Prinzip. Der Vater ist Besitzer und Beherrscher von Familie und Eigentum. Die heutigen Besitzverhältnisse belegen die alte Struktur, Frauen verfügen, wie gesagt, lediglich über ein Prozent an Besitz. Die hierarchisch ausgerichtete, geschlechtsspezifische Herrschaftsordnung, die die Frau dem Manne unterstellt, hat vollständig den Beweis erbracht, dass sie nicht funktioniert.

Die vaterrechtliche Erbregelung, die auch die Kinder seinem Besitz unterstellt und der Mutter enteignet, ist der reinste Hohn. Weshalb sollten ausgerechnet die Väter als

Eigentümer ihrer Kinder gelten, da doch längst bekannt ist, dass sich mehr als ein Drittel der Väter weigern, Alimente für ihre Kinder zu bezahlen. Und mehr als die Hälfte aller Väter sind an ihren Kindern einfach nicht interessiert, vor allem, wenn es sich um Mädchen handelt.

Wir leben zwar in einer vaterlosen Gesellschaft, aber der Vater geistert noch immer als oberste, nicht weiter hinterfragte Autorität durch die Köpfe.

Erich Fromm[9] sagte bereits in den achtziger Jahren, die patriarchale Ordnung sei in eine große Krise geraten: »Ein Ordnungssystem, das nicht in der Lage war, zwei Weltkriege in diesem Jahrhundert zu verhindern, hat sich als inkompetent erwiesen.«

Es war nicht in der Lage, die schrecklichen Auswüchse von Vertreibung, Folter und Vernichtung von Volksgruppen zu verhindern! Es war nicht in der Lage, verheerende ökologische Schäden aufzuhalten! Es war nicht in der Lage – im Zeitalter der Logistik – zu verhindern, dass ganze Völker von Hungersnöten ausgerottet werden, während andere im Überfluss beinahe umkommen! Wenn dieses patriarchale Ordnungssystem nicht in der Lage ist, diese verheerenden Zerstörungen zu verhindern, dann hat es versagt und im höchsten nur vorstellbaren Maße seine Inkompetenz bewiesen.

Obwohl die Fakten derart klar auf dem Tisch liegen, ist es dennoch verwunderlich, dass bewusst oder unbewusst eine kollektive Verteidigung des patriarchalen Ordnungssystems stattfindet und Frauen im Zwielicht der geheimen Komplizenschaft stehen.

Wer schlecht über Frauen redet, fällt nicht auf. Wer männliche Verhaltensweisen kritisch hinterfragt, gilt schnell als männerfeindlich. Wir belächeln religiöse Riten und Zeremonien anderer Religionen und sind schnell dabei, sie als primitiv abzuschmettern. Könnten wir unser männerkultisches, patriarchales System von außen sehen, kämen wir wohl zu einem ähnlichen Urteil.

In diesem frauenentwertenden Klima ein gesundes Selbstbewusstsein zu entwickeln, ist beinahe unmöglich. Unter mangelndem Selbstbewusstsein zu leiden ist aber ein wichtiger Hinweis darauf, dass irgendetwas nicht stimmt. Und es ist zweifellos hilfreicher, statt zu jammern zu analysieren, statt zu resignieren zu reflektieren.

Es gibt Dinge, die erschließen sich uns erst in ihrer Logik, wenn wir den richtigen Schraubenschlüssel dafür gefunden haben. Ohne die Anwendung psychologischer Erkenntnisse ist nicht zu begreifen, weshalb das Patriarchat nicht schon längst abgedankt hat und weshalb sich nicht schon längst alle Frauen zusammengetan haben, um das patriarchale System zu stürzen und dieser völlig überrissenen, männlich aufgeblasenen Größenwahnidee die Luft abzulassen. Es wäre ein Kinderspiel. Wir Frauen sind in der Überzahl und hätten alles in der Hand.

Ohne aber vom Urprinzip der Aggression Gebrauch zu machen, wird sich nichts verändern können. Es ist nicht möglich, einerseits dem gängigen Bild von Weiblichkeit entsprechen zu wollen und zugleich zu wünschen, dass sich die Frau endlich selbst behauptet sowie Selbstbewusstsein und Selbstsicherheit entwickelt und zu ihrem Recht kommt. Dem herkömmlichen Bild von Weiblichkeit entsprechen zu wollen schließt Selbstbewusstsein aus. Weiblichkeit ist unter diesen Vorzeichen eine Vollnarkose.

Wer selbstbewusst und selbstsicher sein will, muss endlich aufwachen. Denn hier wird nichts verschenkt, und es geschehen keine Wunder.

Wir müssen das uns zustehende Terrain zurückerobern. Aber zuerst müssen wir verstehen lernen, weshalb wir es nicht schon längst getan haben.

PSYCHOLOGIE – DIE LOGIK
DER PSYCHE

Reflektieren statt ignorieren

Um zu verstehen, weshalb Frauen nicht schon längst den ihnen zustehenden Teil an Macht und Selbstbestimmung zurückerobert haben, lohnt es, sich die wichtigsten Eckpfeiler der Psychologie als Grundwissen anzueignen.

Zweifellos liegt es sowohl für viele Männer als auch für Frauen sehr viel näher, weibliches Verhalten, das nicht verstanden wird, als unlogisch, hysterisch oder gar verrückt abzutun, als sich um die darin enthaltene Mitteilung zu kümmern, um die Aussage verstehen zu lernen.

Ich gehe davon aus, dass jede noch so verkappte Äußerung oder unverständliche Verhaltensweise in sich einen logischen Sinn ergibt. Während meiner zehnjährigen Tätigkeit als Psychotherapeutin im Gefängnis habe ich mich bemüht, Strafdelikte zu entschlüsseln, um die dahinter liegende Aussage zu verstehen. Und stets konnte ich feststellen, dass das Delikt als Ventil diente, um Sprachloses, Verstummtes immer wieder zu erzählen, bildhaft zu inszenieren und in eine Tat umzusetzen. Das heißt nun aber in keiner Weise, dass Straftaten durch eine psychologisch begründete Erklärung entschuldbar werden und den Täter von seiner Schuld entlasten. Wenn wir aber Straftaten verhindern wollen, müssen wir verstehen lernen, weshalb ein Mensch eine kriminelle Handlung begeht. Und erst dann haben wir einen Schlüssel und damit eine einzigartige Möglichkeit, prophylaktisch entgegenzuwirken.

Ich glaube an den Menschen – wie auch immer. Ich glaube daran, dass jeder einer ganz bestimmten seelischen Gesetzmäßigkeit folgt. Ich bin davon überzeugt, dass das bei Männern der Fall ist, aber ich bin auch felsenfest davon überzeugt, dass es sich bei Frauen ebenso verhält. Es gibt in meinem Weltbild keine einzige Frau, die ich von der Möglichkeit ausschließe, sie zu verstehen. Es ist vielleicht nicht immer einfach, einen Zugang zu den inneren Beweggründen zu finden, aber manchmal müssen wir uns eben etwas mehr anstrengen.

Ich bin also immer für die Frau. Das bedeutet, wenn eine Frau ein völlig unverständliches Verhalten an den Tag legt, denke ich immer zuerst: Sie hat wohl ihre Motive dafür. Und dann liegt es an mir, die psychologischen Hintergründe zu erforschen.

Es ist interessant, wie viele Menschen dafür keinerlei Bereitschaft zeigen. Wer heute heiter und unbekümmert verkünden würde, nichts von naturwissenschaftlich belegten Gesetzen zu halten, würde für verrückt erklärt. Wer hingegen psychologische Gesetzmäßigkeiten anzweifelt, hält sich für besonders intelligent – obwohl der Alltag und die eigene Lebensgeschichte stets einen lückenlosen Nachweis erbringen, dass es nichts gibt, was präziser arbeitet und reagiert als die Psyche.

Manchmal lohnt es sich, zur Veranschaulichung mit den einfachsten Beispielen zu arbeiten, vor allem dann, wenn wir Männer überzeugen wollen. Wenn ein Auto plötzlich nicht mehr weiterfährt, dann gehen wir nicht davon aus, dass es einfach keine Lust mehr hat, weiterzufahren. Wir forschen nach der Ursache. Vielleicht hat es kein Benzin mehr, vielleicht ist der Motor überhitzt, vielleicht ist die Kühlung kaputt. Es gibt viele Gründe, und es liegt an uns, sie herauszufinden.

Ein junger Regisseur drehte einen Film über das Leben von Sisi und Diana und wollte dabei die Gemeinsamkeiten dieser beiden Lebensläufe aufzeigen. Er beauftragte mich, die psychologischen Aspekte der beiden Frauen herauszuarbeiten. Bei unserem ersten Gespräch musste ich feststellen, dass er von psychologischen Zusammenhängen nicht die geringste Ahnung, sondern ein typisches Stammtisch-Konzept von Frauen in seinem Hirn hatte.

Wenn sich Frauen nur um ihr äußeres Erscheinungsbild kümmern, heißt das in keiner Weise, dass sie oberflächlich sind, einen Mann nach dem anderen um den Finger wickeln und Macht über andere erlangen wollen oder etwas in der Art. Es ist dies vielleicht noch die einzige Möglichkeit, einen Ausdruck ihrer Individualität zu erfahren, einen eigenschöpferischen Impuls umzusetzen und auszuleben. Oder vielleicht ist es ein letzter Hilferuf, um zu sagen: »Hallo, ich bin auch noch da.« Kaiserin Sisi, Prinzessin Diana, Marilyn Monroe als Vertreterinnen weiblicher Schönheit und Erotik und all die anderen Frauen, die sich durch ihre körperliche Attraktivität in Szene setzten, hatten und haben in der Regel nur dieses eine Pferd im Stall, auf das sie setzen können.

In Kreisen, die sich speziell durch emotionale Magersucht auszeichnen, wird nicht nur die Logik innerer Gesetzmäßigkeiten ignoriert und geleugnet, sondern auch Menschen, die sich damit befassen, konsequent entwertet. So gehört es eigentlich schon beinahe zum guten Ton, wenn Autoren und Autorinnen, die sich mit psychologischer Lebenshilfe beschäftigen, ins Land der unseriösen Unterhaltung verfrachtet werden. Die hohen Auflagenzahlen indes stellen ein nicht nachlassendes Ärgernis dar, das wohl nur dadurch etwas Linderung findet, den Lesern und vor allem den Leserinnen grenzenlose Dummheit vorzuwerfen.

Mich persönlich vermag das nicht mehr zu erschüttern. Ich beobachte mit größtem Interesse, wie mich die gleichen Personen, die meine Bücher als etwas triviale Unterhaltungsliteratur bezeichnen, nachts um halb drei Uhr anrufen, weil sie unter derartigem und schier nicht aushaltbarem seelischem Schmerz leiden, um sich von mir über die pechschwarzen Angststunden psychologisch hinweghelfen zu lassen.

Ich riet einer Bekannten, die mich regelmäßig um diese Zeit aus dem Schlaf riss und mich verzweifelt um Hilfe bat, weil ihr ehelicher Gemahl von einem aushäusigen Abenteuer zum nächsten hüpfte, sie könne ja auch mal in meinem Seitensprung-Buch[10] einiges Wissenswerte zu diesem Thema nachlesen, denn da stehe alles drin,.was ich ihr beim nächtlichen Telefonat wiederholt erkläre. Sie antwortete empört: »Du glaubst doch nicht im Ernst, dass ich ein solches ›Zeug‹ lese.«

Viele sind bereit, sich durch ein völlig unverständliches und didaktisch verunglücktes Handbuch zu quälen, um den Computer zu bedienen, wir entziffern fragmentarische Montagepläne, um Ikea-Möbel einigermaßen korrekt zusammenzubauen. Wenn es aber um unsere ureigenste Angelegenheit geht – nämlich wie unsere Seele funktioniert –, dann gehen wir davon aus, dass es sich in etwa so verhält wie bei einem Staubsauger: mit Knopfdruck ein- und ausschalten, und wenn der Staubsack voll ist, auswechseln. Geraten wir in inneren Druck oder gar ins Leiden, geben wir uns immer noch ahnungslos und tun so, als ob es sich um rein zufällige Gefühlseruptionen handelte.

Obwohl sich viele Frauen um das Verstehen psychologischer Zusammenhänge bemühen, wenden sie es in der Regel nur dann an, wenn es um andere geht, vor allem um das Seelenheil des Partners. Die meisten Frauen sind eher bereit, ihr eigenes Verhalten als dumm und unangemessen zu bewerten und es möglichst schnell abzutun, als davon auszugehen, dass auch das eigene Verhalten, die eigenen

Gefühle und Emotionen einer inneren Gesetzmäßigkeit folgen.

In unserer patriarchalen Gesellschaft hat die Logik einen hohen Stellenwert und wird dementsprechend mit männlichem Denken gleichgesetzt. Dies hat zur Folge, dass wir grundsätzlich davon ausgehen, männliche Argumentationen seien bereits deshalb logisch, weil sie von Männern vorgebracht werden. Dieser Vorschuss macht sich vor allem bemerkbar, wenn in Diskussionen eigentlich niemand einem logischen Argumentationsmuster zu folgen vermag und die DiskussionspatnerInnen sich bemühen, sich in einer Hirnakrobatik zu verrenken, um etwas völlig Unlogischem doch noch eine logische Schlussfolgerung abzugewinnen.

Bei Frauen ist das anders. Die Erwartung, dass etwas von Emotionen Durchweichtes vorgetragen wird, macht Gesprächspartner bereits ungeduldig, noch bevor sie ihren Beitrag abgegeben haben. Die hochinteressanten Studien von Senta Troemel-Ploetz[11] belegen: Frauen werden häufiger als Männer unterbrochen. Ihre Beiträge sind kürzer, und sie müssen meist nicht nur um einen Redebeitrag kämpfen, sondern gleichzeitig auch noch darum, in ihren Ausführungen nicht ständig unterbrochen zu werden. Mit dieser Verteidigungsaktion auf zwei Ebenen gleichzeitig hätten sie eigentlich schon genug zu tun. Nun müssen sie aber noch versuchen, ihre Argumentationen zu ordnen und in einem logischen Aufbau vorzutragen. Ist ihnen dies auch nur annähernd gelungen, was eigentlich schon ein kleines Meisterwerk ist, werden sie wahrscheinlich mit ihrem Verhalten nicht besonders zufrieden sein, wissen sie doch genau, dass sie den größten Teil ihrer Energie dafür einsetzen mussten, um überhaupt das Wort zu ergreifen. Und für die Themen, um die es eigentlich gegangen wäre, bleibt kaum noch Energie übrig.

Da die Logik einseitig von Männern gepachtet zu sein

scheint, ist eine legitime Verknüpfung von Logik und Seele beinahe undenkbar. Die Seele hat etwas mit Gefühl zu tun und demnach ist sie weiblich. Dabei täten wir gut daran, das Wort »Psychologie« ernst zu nehmen, das uns darauf aufmerksam macht, dass es offensichtlich so etwas wie eine Logik der Seele gibt, eine seelische Gesetzmäßigkeit. Das Wort Psychologie stammt aus dem Griechischen und heißt so viel wie »Seelenkunde«, »Lehre von den seelischen Erscheinungen«. Der Begriff fasst eine Vielfalt wissenschaftlicher Theorien zusammen, die das menschliche Verhalten und Erleben zu erklären und zu verstehen versuchen.

Männer und Frauen, die mit größter Überzeugung verkünden, von Psychologie grundsätzlich nichts zu halten, könnten genauso sagen, die Schwerkraft sei für sie nicht existent. Sie gehen davon aus, dass sich der Mensch ausschließlich durch Vernunft und Denken steuert. Es ist interessant zu beobachten, dass es sich oft um Menschen mit einem besonders hohen intellektuellen Anspruch handelt, denen die Vorstellung, durch ihnen unbekannte Motive bestimmt und gesteuert zu werden, ungeheuerlich erscheint oder gar Angst macht.

Obwohl das Wissen um das Verhältnis von einem Siebtel Bewusstem und sechs Siebtel Unbewusstem längst bekannt ist, weigern sich immer noch nicht wenige, diese Tatsache zu akzeptieren. Es ist sicher nicht zufällig, dass in einem patriarchalen Ordnungssystem, das ja gerade die Machbarkeit, die Dominanz und die Vorherrschaft des Mannes in allen nur erdenklich möglichen Variationen proklamiert, eine Gesetzmäßigkeit abgelehnt wird, die grundsätzlich nicht zu manipulieren ist.

Die Logik der Psyche aber auszublenden bedeutet, mit sich selbst nichts zu tun haben zu wollen. Die Psychologie zu ignorieren heißt, seine eigene Seele zu übergehen und die ihr innewohnende Gesetzmäßigkeit als inexistent zu erklären. Auch wenn immer wieder Erfahrungen gemacht werden, die darauf schließen ließen, dass im Hintergrund eine eigene, in sich schlüssige Logik am Werk ist, ziehen diese Menschen es vor, Psychologie als eine Lehre über das menschliche Verhalten abzulehnen.

Die Geschichte der Psychologie reicht weit zurück. Seit je haben sich Menschen darüber Gedanken gemacht, woher das menschliche Wesen kommt, wohin es geht und was denn der Sinn des Lebens ist. Gleichermaßen war die Frage nach den Ursachen von Verhalten und Erlebnisweisen des Menschen im Mittelpunkt und ist es bis zum heutigen Tag geblieben.

Vom Beichtstuhl zur Couch

Am Anfang stand zweifellos die Religion und damit die Vorstellung, dass sowohl das Weltgeschehen als auch das individuelle Schicksal von einer Göttin und später von einem Gott, von mehreren Göttinnen und Göttern oder, wie bei primitiven Kulturen, von Natursymbolen initiiert werden und nicht durch naturwissenschaftliche Notwendigkeit zustande kommen. Darin zeigt sich ein grundlegendes menschliches Bedürfnis, das sämtliche Epochen durchzieht. Der Mensch sucht nach Orientierung, Wertung und Ordnung. Vielleicht ist dies mit einer Situation zu vergleichen, in der wir in ein uns völlig fremdes Land kommen und uns orientieren wollen, indem wir versuchen, uns mit den Gesetzen, Traditionen und Usancen vertraut zu machen. Menschen, die sich für eine begrenzte Zeit in einem fremden Land aufhalten, sich aber stets darüber im Klaren sind, dass irgendwann der Aufenthalt zu Ende geht, bewahren das Ticket für die Rückreise in die Heimat sorgfältig auf. Die meisten Menschen tragen das Wissen um einen heimatlichen Urgrund in ihrem Unbewussten, und je nach der religiösen Kultur, in der wir leben, verwenden wir Bilder und Metaphern.

In der christlichen Kultur kennen wir den Begriff »Kinder Gottes«, was die Vorstellung einer großen Elternschaft weckt. Das Merkmal der Unterordnung zeichnet eine sich an höhere Mächte ergebende Haltung aus. Nicht das gedankliche Verstehen von Zusammenhängen steht im Vordergrund, sondern der reine Glaube.

Der Versuch, die Vernunft und die Wahrheitsfindung über den Glauben zu setzen, führt in eine weitere Dimension. »Die abendländische Philosophie ist im griechischen Kulturraum durch den Übergang vom Mythos zum Logos entstanden. Während der Mythos die Tatsachen und Verhältnisse von gewissen Grundereignissen aus zu erschließen trachtet, begründet sich der Logos in der Idee des *Einen*, das allem Geschehen zugrunde liegt und vorausgeht.

Dieses Eine wird als das eigentlich ›Seiende‹, als das Sein gedacht, das alles in einer eindeutigen Gesetzmäßigkeit zusammenspannt und sich als das Zugrundeliegende überall beweist. Von daher ist die Philosophie das Denken des *Grundes* und des *Beweises*.«[12] Ein Teilbereich der Philosophie, die Ethik, behandelt die moralischen Aspekte. Sie untersucht systematisch die Eigenart von Wertvorstellungen wie »gut«, »böse«, »richtig«, »falsch«, unabhängig von kulturellen, gesellschaftlichen und religiösen Wertvorstellungen.

Alle diese Themenbereiche sind in der Erforschung seelischer Gesetzmäßigkeiten zentral. Die religiösen, philosophischen und psychologischen Fragestellungen fließen denn auch nahtlos ineinander.

Für viele war einst die Kirche der Ort, wo sie innerlich Einkehr hielten, ihr Gewissen erforschten, Lösungen schwieriger Lebenssituationen suchten und für ihr Leben einen Sinn fanden. Die Kirche als Institution hat sich im Lauf von zweitausend Jahren immer weiter von der christlichen Lehre entfernt. Und gerade für viele Frauen ist die Lehre der Kirche völlig unverständlich. Wer hofft, auf bedrängende Fragen in der Kirche Antworten zu finden, wird bald feststellen, dass die hierarchisch-patriarchalisch orientierte Kirche keine einzige zu beantworten vermag und allenfalls noch mehr Rätsel aufgibt.

Wie kommt die katholische Kirche dazu, Frauen aus hohen Kirchenämtern auszuschließen? Es gibt im Neuen Testament keinen einzigen Hinweis auf den Ausschluss von Frauen. Im Gegenteil: Jesus hatte keine Berührungsängste, wie viele Textstellen belegen. Wie kommt es dazu, dass sich ein patriarchales Gremium von Greisen mit Fragen des Schwangerschaftsabbruchs beschäftigt? Wenn jemand von dieser Angelegenheit keine Ahnung haben kann, dann sind es wohl diese Herren. Schwangerschaft hängt ja bekanntlich mit Sexualität zusammen. Entweder wurde die Sexualität erfolgreich verdrängt, um den Zölibat einzuhalten, oder sie hatten damit Probleme, weil sie nicht in der Lage waren, abstinent zu leben. Sie hätten eigentlich mit sich selbst genug zu tun. So bietet ihnen aber die Beschäftigung mit dem Schwangerschaftsabbruch eine Möglichkeit, sich indirekt mit Sexualität zu beschäftigen, ohne sich selbst in sexuelle Handlungen zu verstricken. Und dadurch kann der hormonelle Druck indirekt am Schreibtisch abgebaut werden.

Schwangerschaftsabbruch ist weder ein Thema für die Kirche noch für die Rechtsprechung. Und die langjährigen Debatten zeigen es immer wieder neu: Es gibt auf dieser Ebene keine Lösung. Sie liegt in der alleinigen Entscheidung jeder Frau. Keine Frau auf der Welt würde leichtfertig ein Kind abtreiben, wie immer wieder argumentiert wird. Leichtfertigkeit und Verantwortungslosigkeit finden hingegen häufig auf der männlichen Seite statt, zuerst im ungeschützten Zeugungsakt und hinterher darin, dass der Mann kein großes Interesse an seinem

Nachwuchs zeigt, sich überhaupt nicht darum kümmert und auch nicht bereit ist, Alimente zu bezahlen.

Die Verschiebung des Problems aber stabilisiert das vaterrechtliche Ordnungssystem. Die Frau zwischen fünfzehn und fünfundvierzig ist mit der Sorge beschäftigt, dass sie nicht ungewollt schwanger wird. Ist sie es dennoch geworden, und sie will oder kann die Schwangerschaft nicht austragen, wird sie sehr viel seelischen Aufwand für die äußerst belastende Situation aufbringen müssen, um sich durch den Dschungel von Beratungen, die für eine »legale« Abtreibung erforderlich sind, durchzukämpfen. Nebenbei wird sie auch noch die emotionale Belastung zu bewältigen haben. Somit wird immer wieder dafür gesorgt, dass Frau aus dem Rennen geworfen wird. Während sie hinter einem Beratungsschein herrennt, jongliert der Schwangerschafts-Verursacher mit größter Selbstverständlichkeit an der Börse und trachtet nach Gewinn.

Das Erleben eines Schwangerschaftsabbruchs mit allem Drum und Dran wird keine Frau in ihrem Selbstbewusstsein stärken. Sie wird all ihre Kraft zusammennehmen müssen, um diese Erfahrung zu verarbeiten. Und auch in späteren Jahren wird es sie weiterhin beschäftigen.

Das Bedürfnis nach religiöser Orientierung ist zweifellos ungebrochen. Großveranstaltungen mit dem Papst, für die Hunderttausende von Menschen anreisen und bereitwillig Stunden oder gar Tage des Wartens in Kauf nehmen, belegen die große menschliche Sehnsucht nach einer göttlichen Ausrichtung. Wer allerdings die Gesichter beobachtet, während der Papst das Wort an sie richtet, wird von diesem Dilemma nur zutiefst erschüttert. Seine Worte erreichen die Menschen nicht mehr, sie verstehen sie nicht. Es ist eine Sprache, die an den Menschen vorbeigeht. Was soll zum Beispiel ein Satz bedeuten wie: »Die Kirche ist unverbrüchlich in ihrer Dreieinigkeit, der Vater, der Sohn und der Heilige Geist zeugen von der ewigen Güte Gottes«?[13]

Wie könnten diese Worte in den Alltag übertragen werden? Außer, dass es sich um einen patriarchalen Verein handelt, findet keine konkrete Aussage statt. Deshalb ist es nicht erstaunlich, dass sich immer mehr Menschen an Sekten wenden, die alle eines gemeinsam haben: Sie sprechen eine Sprache, die ankommt.

Wenn sich Menschen Sinnfragen stellen und diese von Kirchen nicht ausreichend oder überhaupt nicht beantwortet werden, springt die Psychotherapie in die Bresche.

Der Übergang von Seelsorge zu Psychotherapie ist deshalb fließend. Vieles, was heute in der psychotherapeutischen Praxis besprochen wird, fand früher im Beichtstuhl statt. Lediglich die geschlechtsspezifische Zuordnung des Beichtvaters hat sich aus der partriarchalen Ausrichtung gelöst. Wie durch die Praxis immer wieder belegt wird, sind junge, unerfahrene weibliche Psychotherapeutinnen bereits sehr viel erfolgreicher als ihre älteren, erfahrenen männlichen Kollegen. Das heißt, dass die Patienten und Patientinnen sich von ihnen besser verstanden fühlen und dadurch eine viel höhere Bereitschaft zeigen, sich mit ihren Problemen wirklich auseinander zu setzen und Lösungen zu erarbeiten.

Auch die Auseinandersetzung mit dem Thema Selbstbewusstsein führt uns sowohl in religiöse als auch psychologische Bereiche. In der Psychologie kennen wir verschiedene Selbst-Konzepte, die aber keine Auskunft über die Konstitution des weiblichen Selbstbewusstseins geben. Selbstbewusstsein heißt wörtlich, ein Bewusstsein vom eigenen Selbst zu haben. Sich seiner bewusst zu sein bedeutet, sich als selbst handelnd und bestimmend zu erleben, in seinem Eigenmachtsverständnis und Eigenmachtserleben die Möglichkeiten und Grenzen erfahren. Darüber hinaus bedeutet es, sich in einer tiefen Verbindung zu seinem Urgrund zu erfahren, der uns trägt, der uns die Wurzeln spüren lässt. Sich verwurzelt fühlen belebt ein religiöses Gefühl der Beheimatung in etwas Allumfassendem, was zu einem tiefen Vertrauen in das führt, was einige Gott nennen. Sich vertrauensvoll auf einen größeren Zusammenhang beziehen spiegelt Vertrauen sowohl in eine übergerichtete Ordnung wider als auch in das eigene Leben, da es sich als Selbstvertrauen zum Ausdruck bringt. Vertrauen in sich selbst finden setzt Wertschätzung sich selbst gegenüber voraus. Und spätestens bei diesen Gedanken läuten die abendländischen Glocken und beleben christliches Gedankengut: »Liebe deinen Nächsten wie dich selbst.«

Somit landen wir mit dem Thema Selbstbewusstsein mitten in einer zutiefst religiösen Angelegenheit. Der erste Teil des Satzes, die Aufforderung zur Nächstenliebe, findet gerne im Alltag Beachtung, auch wenn es sich oft nur um eine rein rhetorische Attitüde handelt. Der zweite Teil indessen wird leider kaum ernst genommen oder sogar völlig ausgeblendet. Sich selbst zu lieben hat für viele etwas Anrüchiges und ist direkt beim gefürchteten Egoismus angesiedelt. Das macht es schwer, sich mit dieser Aufforderung unbekümmert und konstruktiv auseinander zu setzen.

Was heißt denn eigentlich »... wie dich selbst«? Liebe wird von Wertschätzung genährt, das wissen wir, wenn wir einen Menschen lieben. Wir können ihn nicht lieben, ohne sich ihm nicht zugleich mit tief empfundener Wertschätzung verbunden zu fühlen. Um sich selbst lieben zu können, müssen wir uns selbst Wertschätzung entgegenbringen. Ist das zu viel verlangt? Wir haben dieses Leben geschenkt bekommen. Ist es da nicht die natürlichste Sache der Welt, wenn wir mit diesem kostbaren Geschenk in dem Bewusstsein umgehen, dass es sich um etwas Wertvolles handelt?

Was hat das Selbst mit mir zu tun?

Die erste Verwirrung beginnt bereits, wenn wir uns in den verschiedenen psychologischen Theorien orientieren wollen, etwa mit den Begriffen »Selbst« und »Ich«. Was ist das eine, was das andere? Wo beginnt das Selbst, wo hört das Ich auf und worin besteht der Unterschied? Die christliche Tradition hat noch das ihrige dazu beigetragen und dafür gesorgt, dass diese Begriffe zu leeren Hüllen geworden sind, die wenig, nichts oder aber alles aussagen können. Die Verwirrung ist komplett und führt dazu, dass niemand mehr so richtig weiß, was eigentlich damit gemeint ist.

Im christlichen Kontext gilt es grundsätzlich als anrüchig, sich selbst wichtig zu nehmen, die eigene Person in den Mittelpunkt zu stellen. Selbstsüchtig zu sein, sich selbstbezogen zu verhalten ist einer Todsünde gleichgestellt. Und entsprechend wird die gegenteilige Haltung der Selbstlosigkeit hoch gepriesen. Sie gilt als weiblichste aller Tugenden, und nicht jede Frau kann es sich leisten, großzügig auf diese Art von Anerkennung zu verzichten.

Zwar wird die inzwischen veraltete Regel, niemals einen Brief mit »Ich« zu beginnen, durchaus belächelt. Aber sie sitzt dennoch vielen Menschen in den Knochen. Ich erlebe das immer wieder in Kommunikations- oder Schreibseminaren, wenn die Aufgabe gestellt wird, jeden Satz mit »Ich« zu beginnen, wie schwer sich manche damit tun; beinahe, als ob es darum ginge, sich eines schweren Vergehens schuldig zu machen. Hier wurde im christlichen Kulturraum ganze Arbeit geleistet, die die Selbstaufgabe als etwas höchst Erstrebenswertes postuliert. Leider wird bei einer Beurteilung über die Gültigkeit eines solchen Postulates die Entstehungsgeschichte außer Acht gelassen. Obwohl es die Spatzen längst von den Dächern pfeifen, dass das heute von der Kirche vertretene praktizierte Christentum kaum mehr etwas mit der originalen christlichen Lehre zu tun hat, wirken ihre dogmatischen, unerbittlichen Forderungen. Aber schließlich hat Jesus von Nazareth keine Kirche gegründet, sondern einen Heilsweg für die Menschen aufgezeigt. Die Lehre der Kirche ist aber ein auf Hierarchie begründetes Produkt, das im Lauf der Jahrhunderte durch zahlreiche patriarchale Hirnwindungen geschleust worden ist und durch Eingriffe wesentliche Veränderungen erfuhr. Diese stellen sich heute als so auffallend manipuliert dar, dass sie Grund für den Austritt vieler Gläubiger sind.

Eine Kirche, die die Hälfte der Menschheit von der inneren Gestaltung ihres Vereins ausschließt, ist im besten Fall noch mit einem Fußballklub zu vergleichen, deren Spieler alle männlichen Geschlechts sein müssen. Es herrschen Regeln wie etwa in einer schlagenden Studentenverbindung mit eigenen Ritualen gewisser Logen oder einem männlich besetzten Börsenverein, der über die Aktien und die Anhäufung der Gewinne wacht. Gott sei Dank gibt es heute einige selbständig denkende und unabhängige Theologen und vor allem Theologinnen, die einem bei der Arbeit behilflich sind, die zum Teil schwer entstellten Texte wieder in ihre Ursprünglichkeit zurück zu übersetzen.

Manchmal aber braucht es nicht einmal Hilfestellung von außen, sondern einfach einen Moment der Stille, in der wir Bilder in uns lebendig werden lassen und dadurch den Weg finden, um uns auf unser eigenes innerstes Wissen zurückzubesinnen. Die falschen Schlüsse enthüllen sich sofort. Wenn wir uns beispielsweise mit Aggression auseinander setzen und uns mit dem Bild, wie Jesus die Pharisäer aus dem Tempel jagt, beschäftigen, dann erhalten wir eine eindrückliche Lektion, wie mit der vorwärts strebenden Kraft der Aggression umzugehen ist. Wir können lernen, dass der Empörungswille nur aus dem Zentrum eines Menschen, aus seinem inneren Selbst, aufsteigen kann. Hätte sich Jesus an die Empfehlungen gehalten und sein Selbst aufgegeben, hätte er niemals den Mut und die Kraft besessen, sich gegen die Pharisäer durchzusetzen.

Aber auch die neueste Geschichte illustriert, wie das Verhalten kirchlicher Ordensbrüder und Vertreter nur dadurch zu erklären ist, dass es sich um die Verteidigung und Selbstbehauptung ihrer eigenen Machtbefugnisse handelt. Vielleicht aber zeigt sich bereits hier der Unterschied, ob es sich um ein männliches oder ein weibliches Selbst handelt.

Psychologische Definitionen über den Begriff und die Konzepte des Selbst können kaum dazu beitragen, mehr Klarheit zu erlangen, da sich sogleich die Begriffe »Ich«, »Ego«, »Identität« dazugesellen, entweder als Synonyme oder als Differenzierung. Verschiedene Selbst-Konzepte[14] verwirren und können kaum dazu beitragen, ein besseres Verständis für das eigene Selbst zu gewinnen. Ich schlage deshalb vor, sich an der Sprache zu orientieren. Wir kennen die Begriffskette: Selbstentfaltung, Selbstbestimmung, Selbstverantwortung, Selbstwert, Selbstachtung, Selbstvertrauen, Selbstsicherheit, Selbstbewusstsein und so weiter. Oder die negative Assoziationskette: Selbstbetrug, Selbsttäuschung, Selbstverstümmelung, Selbstmord. In diesen Wortverknüpfungen sind die Inhalte klar. Es geht immer um den Menschen in seinem ganz subjektiven und persönlichen Erleben, mit allem, was zu seiner Existenz gehört. Sei es nun sein rein vegetatives körperliches Dasein oder der Ausdruck seiner individuellen Wünsche und Gedanken mitsamt seinem Handlungs- und Erlebensspielraum.

Das Bemühen nach Unversehrtheit und Bewegungsfreiraum im körperlichen Bereich ist legitim. Wer in eine Situation kommt, wie zum Beispiel in einem überfüllten Bus beinahe erdrückt zu werden, sieht wohl keine Lösung darin, sich aus Platzgründen irgendein Körperteil abzuschrauben. Werden wir hingegen in unserem wichtigsten Lebensgefühl, dem Selbstwertgefühl, zusammengestaucht, liegt es für viele auf der Hand, sich diesem durch andere aberkannten Wertes möglichst schnell zu entledigen.

Das unsichtbare Selbst ist genauso wie das Körperbewusstsein schützenswert. Mehr noch, es ist unsere Aufgabe, dieses Selbst nicht wie einen stinkenden Misthaufen zu behandeln, sondern wie einen kostbaren Schatz. Aus einem Mülltonnenbewusstsein wird uns niemals Selbstbewusstsein erwachsen. Wer sich selbst missachtet, kann keine Achtung vor dem Leben entwickeln. Wer sich selbst nicht liebt, kann andere nicht lieben. Wer keine Achtung sich selbst gegenüber entwickelt, hat weder Achtung vor dem eigenen noch vor einem fremden Leben. Die Franzosen sagen zu Selbstachtung »amour propre«, was wörtlich übersetzt »saubere Liebe« heißt. Selbstachtung ist die sauberste und reinste Liebe. Es ist die Liebe zum Schöpfer, zur Schöpfungsintelligenz, sie drückt die Dankbarkeit über das Wunder, über das »Ich bin« aus. Selbstachtung praktizieren ist ein Gebet, ist ein sorgfältiger Umgang mit sich selbst, ist eine Zärtlichkeit mit der eigenen Seele.

Vor diesem Hintergrund betrachtet ist jede Bemühung, sich selbst nicht so wichtig zu nehmen, ein Frevel gegen die Schöpfungsintelligenz. Was so viel heißt wie: Du hast mich zwar erschaffen, aber ich bin mit dem Resultat ganz und gar nicht zufrieden.

»Aber«, so höre ich einige argumentieren, »wo kommen wir denn hin, wenn wir uns alle so wichtig nehmen?« Da kann ich nur einfach antworten: »In den Himmel!« Wenn wir uns wichtig genug nähmen, das uns anvertraute Pfund zu mehren, wären wir am Ende unseres Lebens nicht ein abgewirtschaftetes Wrack, sondern gereift und geläutert. Wer sich nicht wichtig nimmt, nimmt auch andere nicht wichtig. Das ist die beste Voraussetzung für Krieg und gegenseitige Vernichtung. Wer für sich Sorge trägt, geht auch sorgsam mit anderen um. Wer den Wert des Lebens an sich selbst begriffen hat, wird den Wert jedes anderen Wesens ebenfalls hoch einschätzen.

Das Selbst bezieht sich also auf das eigene, auf das ganz Persönliche. Bildlich veranschaulicht ist dies ein Haus mit Garten. Wer dies vom Schöpfer geschenkt bekommt, muss das Haus pflegen und für den Garten Sorge tragen. Der Sprache als Wegweiser folgen heißt also, das Selbst als das Persönliche anzuerkennen, was wiederum bedeutet, dass die Umsetzung eigener Wünsche, Bedürfnisse und Ziele ernst genommen wird.

Diese Definition wird einigen Frauen nicht gefallen, vor allem jenen, die es gewöhnt sind, ihr eigenes Wohl grundsätzlich in den Hintergrund zu stellen, um demjenigen anderer die oberste Priorität einzuräumen. Dass das auf Dauer nicht gut gehen kann, wird dann deutlich, wenn ein Mensch zugunsten eines anderen auf alles verzichtet, stets um die Wünsche des anderen herumkurvt und danach trachtet, alle Erwartungen und Forderungen möglichst zu erfüllen.

Plötzlich, in der Regel im fortgesetzten Alter, stellen wir fest: Wir sind uns abhanden gekommen. Wir besitzen zwar ein Haus, aber wir bewohnen die Hundehütte. Wir haben uns durch unsere Lebensumstände aus unserem eigenen Haus vertreiben lassen. Das fühlt sich dann so an, dass wir nicht mehr so genau spüren können, was wir wollen, was uns gut tut. Wir haben verlernt, uns ernst zu nehmen, uns um unser Wohlbefinden zu kümmern, wir haben vergessen, eigene Wünsche zu haben, und als Nebeneffekt bleibt die Lebensfreude auf der Strecke. Frauen neigen stärker zu dieser Misswirtschaft. Sie bestellen fremde Äcker und lassen den eigenen verwildern. Sie kümmern sich nicht um den eigenen Schrebergarten, sondern sind stets damit beschäftigt, in fremden Gärten dafür zu sorgen, dass die Kohlköpfe wachsen.

Im weiblichen Lebensentwurf sind viele Fallen ausgelegt. Während im Matriarchat die Frau hoch geachtet wurde und ihre Fähigkeit, neues Leben aus sich hervorzubringen, als höchster Ausdruck ihres Seins verstanden wurde, verkehrt sich im Patriarchat die Wertigkeit gegen die Frau. Kinder zur Welt zu bringen bedeutet dann vor allem, die für die Pflege des Kindes durchaus Sinn gebende Selbstaufgabe zugunsten des heranwachsenden Lebens grundsätzlich auf alle anderen Existenzbereiche zu übertragen und sich dem Mann selbstopfernd zur Verfügung zu stellen. Viele Frauen verlieren in dem Moment, in dem sie Mutter werden, ihren Status, selbständig für sich sorgen zu können, und gleiten in eine Position, in der sie unterstützungsbedürftig werden. Ich habe kürzlich eine Karte mit der Aufschrift erhalten: »Vorsicht, Mutterschaft gefährdet deine Existenz«. Meine erste Reaktion war: Die sind wohl übergeschnappt. Aber ich hatte noch nicht zu Ende gedacht, da war mir klar, dass dieser Satz richtig ist.

Frauen, die in diese Falle geraten sind, haben weder Selbstwert noch Selbstbewusstsein. Im besten Falle pendeln sie zwischen Größenselbst und Minderwert[15] hin und her, die wohl bekannten »Ups and Downs«. Auf der einen Seite neigen wir zur größenwahnsinnigen Selbstüberschätzung, dem zwingenden Drang, eigentlich Unmögliches zu leisten. Auf der anderen Seite fallen wir in den Sumpf absoluter Selbstentwertung, in dem wir uns nicht einmal mehr daran erinnern, dass wir noch einen Beruf haben oder eine Fremdsprache beherrschen oder über hervorragende mathematische Fähigkeiten verfügen.

Das Ich hingegen verwaltet andere Kräfte. Ich habe dieses Ich-Konzept aus der Arbeit des Religionsphilosophen Herman Weidelener[16] übernommen, weil sich damit eine unmittelbare Erfahrbarkeit verbinden lässt. Ich habe in der therapeutischen Arbeit mit Menschen immer wieder feststellen können, dass es theoretische Ansätze gibt, die zwar durchaus einige Gehirnzellen in lustvolle Rotation versetzen können, aber das Erleben nicht widerspiegeln und somit von geringem Nutzen sind. Deshalb komme ich immer wieder auf Herman Weidelener zurück, der wie kein anderer die Fähigkeit besaß, psychische Vorgänge aus dem sprachlichen Erleben abzuleiten. Wer sich in eine stille Ecke setzt und einfach das Wort »selbst« in sich kreisen lässt, wird feststellen können, wie es stets um das Abtasten und Sammeln ganz persönlicher Belange herumschwirrt. Wie etwa eine Hummel oder ein Biene Blüten umschwirrt und von allen Seiten umfliegt. Die Selbst-Energie verläuft kreisförmig, immer aber auf den eigenen Mittelpunkt bezogen.

Die Ich-Energie hingegen strebt immer in die Höhe, lichtwärts. Da genügt es bereits, den Laut »i« stumm einzuatmen, um zu erleben, das sich hier eine Kraft von unten nach oben hinaufschiebt. Sie strömt in das Haupt und drängt durch die Schädeldecke hinaus. Die Sprachtherapeutin Rose Menzer[17] beschreibt das Bild einer aufwärts drängenden Kraft, die sich durch die Wirbelsäule hinaufschiebt, Wirbel für Wirbel aufrichtet, bis sich diese Kraft letztlich befreit und weiter zum Himmel steigt.

Dieses sprachliche Erleben lässt die gegensätzliche Richtung zwischen Selbst und Ich deutlich werden und vor allem die Unterschiede erkennen. Während sich also die Selbst-Energie vorwiegend um die ganz persönlichen Anliegen kümmert, reicht die Ich-Kraft weit über die Besorgnis des Persönlichen hinaus. Das Ich ist nicht an der Umsetzung persönlicher Bedürfnisse interessiert, sondern stellt sich in den Dienst des allgemeinen Wohls. Es hat somit auch eine sublimierende Komponente, die eigene Wünsche in höhere Ziele transformiert. Bildhaft gesprochen heißt das: Während sich das Selbst um den Schrebergarten kümmert, interessiert sich das Ich für den Weltgarten, sorgt dafür, dass ökologische Bedingungen geschaffen werden, dass der Weltgarten blühen und gedeihen kann. Wir reparieren nicht ständig an unserem Haus herum, bauen um und an und haben ausschließlich unser persönliches Wohl im Auge, sondern beschäftigen uns grundsätzlich mit den Wohnverhältnissen für andere Menschen auf dieser Welt.

Aus diesem Bild wird deutlich, wie zwingend es ist, sich zuerst auf Erfahrungen einzulassen, indem wir das eigene Feld bestellen. Tauchen in der Öffentlichkeit engagierte Figuren auf, die sich vehement um die Häuser fremder Menschen kümmern, während es in ihr eigenes Haus hineinregnet, befällt einem angesichts derartiger Verkehrungen der Prioritäten ein ziemliches Missvergnügen.

Es soll auch Ehetherapeuten geben, die anderen Paaren in der Auseinandersetzung und Meisterung ihrer Schwierigkeiten zu helfen versuchen, selbst aber in einer Partnerschaft leben, die eher einer verlotterten Hütte als einem Haus gleichkommt.

Die Reihenfolge ist demnach klar: Zuerst muss ich selbst bei mir in die Lehre gehen und lernen, das Leben zu schätzen, zu respektieren, zu achten und zu lieben. Um die Wertschätzung sich selbst gegenüber zu praktizieren, bedarf es aber auch zwingend aggressiver Impulse. Wir haben schließlich dieses Leben nicht geschenkt bekommen, damit wir zulassen, dass jeder seinen Müll über uns schüttet oder uns ans Bein pinkelt. Wir sind aufgefordert, das, was wir einst als Geschenk erhalten haben, zu pflegen und dafür Sorge zu tragen, um so der Wertschätzung Ausdruck zu verleihen.

Und wenn ich einen sorgfältigen und liebevollen Umgang mit mir selbst ausreichend gelernt habe, kann ich dies auch auf andere übertragen und mit anderen so umgehen, wie ich es mit mir gewohnt bin. Erst dann erhält das Wort »Selbstaufgabe« einen Sinn. Dann kann ich ein persönliches Bedürfnis zugunsten eines anderen zurückstellen, kann mich ganz zurücknehmen, weil ich nicht mehr Gefahr laufe, mich zu entwerten. Wenn ich aber noch kein Selbst habe: Was um Gottes willen soll denn überhaupt geopfert werden?

Die unheilvolle Allianz

Die meisten Menschen wollen geliebt werden, die einen mehr, die anderen weniger. Vielen ist es nicht gleichgültig, was andere über sie denken, sie möchten einen möglichst guten Eindruck machen. Das ist durchaus normal.

Aber nicht wenige sind bereit, einen sehr hohen Preis dafür zu bezahlen und unter Umständen darauf zu verzichten, ihrem wahren Wesen gemäß zu leben und sich selbst treu zu bleiben. Sie tun alles, um einem gewünschten Bild, einer Erwartung zu entsprechen – immer im Hinblick darauf, dafür entsprechend geliebt, wertgeschätzt und geachtet zu werden. In den seltensten Fällen gelingt es, sich zurückzulehnen und zu sagen: Jetzt habe ich es geschafft! Ich bekomme voll und ganz die Anerkennung, die ich mir wünsche. Im Gegenteil: Eine Enttäuschung jagt die andere, es ist ein Gefühl, auf einen Berg zu steigen und nie ans Ziel zu gelangen. Mit der Zeit beschleicht einem zudem das ungute Gefühl, gar nicht mehr so genau zu wissen, in welcher Richtung sich denn das Ziel befindet. Und anstelle einer klaren Wegbeschreibung breitet sich Orientierungslosigkeit aus, ein Gefühl des hin und her Pendelns, das es erschwert, zu fühlen, was nun wohl das Richtige ist. Es fühlt sich denn auch so an, als ob es ein wahres und ein falsches Selbst gäbe.

Dies scheint eine geschlechtsspezifische Sackgasse zu sein, in der sich viel mehr Frauen als Männer wiederfinden.

Gehen wir nochmals zum Ausgangspunkt, der Geburt, zurück. Das Kind kommt mit allen seinen Anlagen und Fähigkeiten auf diese Welt. Es hat also bereits ein Anlageprogramm in sich, das zur Verwirklichung bereitsteht. In einer optimalen familiären Situation wird durch die Bezugspersonen auf die besonderen Eigenschaften des Kindes geantwortet, es erhält Resonanz auf sein eigenes Wesen. Ein Kind erlebt sich zunächst im Spiegel der Beantwortung, und was es widergespiegelt erhält, wird es als zu sich gehörig erleben. Mit der Zeit erhält es ein Selbstbild, das aber weitgehend das Bild der nahen Bezugspersonen reflektiert.

Es wäre völlig vermessen, generell von einer optimalen Umgebung für ein Kind sprechen zu wollen. Die elterlichen Personen bringen ihre eigene Vergangenheit mit, die weitgehend das Verhalten in der Gegenwart bestimmt. Somit wird die Spiegelung im besten Falle mangelhaft, im schlechtesten katastrophal ausfallen.

Wenn das Kind nun bestimmte Erwartungen spürt, die es erfüllen sollte, um einem Bild zu entsprechen, wird es mit größter Wahrscheinlichkeit von seinem ursprünglichen wahren Wesenskern abrücken und sich bemühen, so zu werden, wie es von ihm verlangt und erwartet wird; das heißt, es passt sich an.

Der Anpassungsprozess, der sich über mehrere Jahre hinzieht, ist nun geschlechtsspezifisch verschieden. Während dem Jungen viel stärker erlaubt wird, seinen aggressiven Impulsen zu folgen, wird es dem Mädchen weitgehend untersagt. Das Kostüm, das sich Jungen wählen können, ist vielfältig, individuell und unterschiedlich, wenn wir beispielsweise an die Möglichkeiten beruflicher Entwicklung denken. Dem gegenüber ist die Rolle der Frau noch immer viel enger begrenzt. Und jene Frauen, welche die Mauern zu sprengen wagen, müssen sich in der Öffentlichkeit einiges gefallen lassen. Dies wird einige junge Mädchen davon abhalten, es ihnen gleichzutun.

Nicht nur aus der Familie, sondern auch aus der Gesellschaft werden dem Mädchen Rollen vermittelt, die ihm nicht sehr viel Spielraum für die eigene Kreativität erlauben. Es muss sich auf einem schmalen Grat bewegen, weil von einer zukünftigen Frau erwartet wird, wie sie zu sein und vor allem, was sie zu lassen hat. Auch wenn heute die meisten Berufe für Frauen theoretisch offen stehen, zeigen sich in der Praxis beinahe unüberbrückbare Barrieren, vor allem dann, wenn sie Kinder haben. Allein dass sich junge Frauen vor die Frage gestellt sehen, sich zwischen Beruf *oder* Kinderkriegen zu entscheiden, zeigt die immensen Schwierigkeiten.

Dies führt dazu, dass sich Mädchen bereits sehr früh von ihren vitalen Bereichen verabschieden und ihr wahres Selbst mit einem falschen Selbst der Anpassung überdecken.

Aus diesem falschen Selbst aber kann niemals ein gesundes Selbstbewusstsein entstehen. Selbstbewusstsein entwickelt sich aus dem Gefühl des Selbstvertrauens zu sich selbst, aber genau das kann ein falsches Selbst nicht leisten. Auf ein falsches Selbst ist kein Verlass, es ist wie eine Windfahne, die sich danach richtet, woher Anerkennung und Liebe wehen.

Ein falsches Selbst erkennen wir auch daran, wie stabil wir gegen Kritik sind. Haben wir selbst das Gefühl, etwas gut gemacht zu haben, und nun bricht dieses Gefühl bei der leisesten Kritik zusammen, müssen wir annehmen, dass es sich hier um eine ziemlich wackelige Fassade gehandelt hat. Im falschen Selbst fühlt es sich schwammig und orientierungslos an, wir gondeln herum, mal spült es uns zufällig in eine Größenfantasie hinein, dann wieder in ein abgrundtiefes Gefühl des Unwertes. Auf der einen Seite halten wir uns für einmalig und perfekt, und beinahe zeitgleich empfinden wir das Gegenteil.

Im falschen Selbst gibt es kein Zuhause. Es gibt nur eine stete Sehnsucht, die nie zu stillen ist. Im falschen Selbst leiden wir unter ständigem Heimweh, das wir über weitere völlig überrissene Forderungen an uns selbst zu überwinden suchen. Wenn wir zum Beispiel nach einem Körperideal trachten – die meisten Frauen wissen sofort, was das ist: das ständige Bemühen um einen perfekten Körper, um Schönheit und körperliche Makellosigkeit –, sind wir auf der Suche nach uns selbst. Das Drama dieser Suche ist vielen bekannt: Wir können uns noch so abmühen, aber das Ziel erreichen wir nie.

Die Idealisierung des Körpers ist ein Ausdruck dafür, dass im Körper keine Heimat erlebt wird. Der Leib, der als materielle Fassung, als Gefäß für das Wesen des Geistes und der Seele dienen sollte, wird zum eigentlichen Anbetungsobjekt und ist damit seiner ursprünglichen Aufgabe enthoben.

Frauen, die versucht haben, den steinigen Weg zu gehen, und nach Schönheit und nach äußerer Attraktivität strebten, kennen das Gefühl, nie an ein Ziel zu gelangen. Wir können also noch so schön, so schlank, so attraktiv sein, aber zufrieden sind wir nie. Und sollte sich kurzfristig ein Gefühl von Selbstgefälligkeit einstellen, sind wir gerne bereit, es als Selbstbewusstsein und Selbstsicherheit zu verbuchen. Es genügt aber eine einzige kritische Bemerkung, ein fragender Blick – und alles fällt in sich zusammen.

Wie aber wissen wir, was das wahre Selbst ist? Bei sich anzukommen, lässt das wohlige Gefühl entstehen, bei sich auf der inneren Ofenbank zu sitzen; es lässt uns in uns heimisch werden. Mit sich zufrieden sein, einverstanden mit sich sein, ein Gefühl eines stabilen, kontinuierlichen Selbst-Erlebens, das sich in sich selbst orientiert, belebt ein ganz stilles Glücksempfinden. Es ist ein tiefes Einverständnis mit dem eigenen, wahren Wesenskern, das sich als ganzheitliches Wohlgefühl äußert. Es ist ein Kontaktaufnehmen mit

seinem inneren Kind; ein Kind, das sich frei und ungezwungen fühlt und Zugang zu allen seinen Sinnesein-
drücken und Erlebnissen hat, ob es lacht oder weint, wit-
zig und heiter oder zurückhaltend und nachdenklich ist,
ob es forsch etwas anpackt oder zaghaft und vorsichtig ist,
ob es wütend und zornig oder versöhnlich reagiert. Es entsteht das Gefühl: Alles ist gut. Einfach alles darf sein, was
zum menschlichen Leben gehört, zu dieser breit angelegten Palette menschlichen Verhaltens.

Das wahre Selbst ist also der eigentliche individuelle
und ganz persönliche Wesenskern jedes Einzelnen. Nun
kommt es natürlich noch darauf an, ob wir davon ausgehen, dass es so genannte böse Anteile geben kann, die
ebenfalls zu diesem inneren Wesenkern gehören. Die traditionelle Kirche bezeichnet dies als die Erbsünde, also so
etwas wie ein schwarzer Fleck auf der weißen Weste.

Ich halte dies für einen der schwerwiegendsten Fehler, der sich, menschheitsgeschichtlich gesehen, verheerend
ausgewirkt und viel zu Elend, tiefer Verzweiflung und Verwirrung beigetragen hat. Wenn wir davon ausgehen müssen, dass da irgendetwas Grundböses im Innersten des
Menschen nistet, wird es sehr schwer, sich selbst zu bejahen, sich an sich selbst zu orientieren, denn wir wissen
ja nie mit Sicherheit, ob wir nicht genau diesen dunklen
Punkt erwischt haben.

Ich gehe wie gesagt von Folgendem aus: Im Grunde seines Wesens ist der Mensch gut. Wir tragen eine bauliche
Grundsubstanz unseres Schöpfers oder unserer Schöpferin
in uns. Was sich daraus entwickelt, ist ein anderes Problem.
Wenn der Mensch die Möglichkeit erhält, seinem wahren
Selbst die Treue zu halten, wird sich dieses Grundpotenzial
zwar individuell entwickeln und entfalten, wird aber stets
einen direkten Kontakt zu seinem inneren Gewissen halten und sich niemals zerstörerisch gegen andere oder gegen sich selbst richten. Wird ein Mensch gewalttätig, so ist

dies bereits Ausdruck dafür, dass er sich weitgehend abhanden gekommen ist. Ich meine dies selbstverständlich nicht im entschuldigenden Sinne. Wir sind für alles verantwortlich, was durch unsere Handlung ausgelöst worden ist. Und so sind wir letztlich auch dafür verantwortlich, wenn wir von unserem wahren Wesenskern abrücken und nichts dagegen unternehmen, um wieder in Kontakt mit uns selbst zu gelangen.

Freud und die vergessenen Töchter

Werfen wir noch einen kurzen Blick auf die Zeit, in der sich der Forschungszweig Psychologie zu etablieren begann.

Obwohl sich Sigmund Freud (1856–1939) durch die Erfindung der Psychoanalyse vorwiegend mit Patienten beschäftigte, die unter schweren psychischen Störungen litten, haben seine Forschungsergebnisse Grundsätzliches über die Psyche des Menschen aufgezeigt. Inzwischen wurden neue Erkenntnisse dazugewonnen, und es werden zweifellos noch weitere folgen. Die verschiedenen Schulen spiegeln durch ihre Systeme und Theorien auch die typischen gesellschaftlichen Probleme der jeweiligen Zeit.

Wenn ich mich hier auf die drei Grundpfeiler der Psychoanalyse von Sigmund Freud stütze, so nicht deshalb, weil ich anderen Theorien weniger Bedeutung beimesse oder weil ich den Begründer als nicht zu hinterfragende oberste Autorität sehe. Im Gegenteil: Freud ist es beispielhaft gelungen, zwei Fehler zu begehen, die damals niemandem aufgefallen sind und heute vor allem von kritischen Psychoanalytikerinnen aufgedeckt werden – was leider noch lange nicht heißt, dass diese Arbeiten überall Anklang finden.

Sigmund Freud entwickelte eine Theorie, die vom

männlichen Wesen als Maß aller Dinge ausging. Er berücksichtigte die geschlechtsspezifische Situation der Frau in keiner Weise. Ihre Verhaltensweisen wurden an denjenigen der Männer gemessen, typische weibliche Verschiedenheiten wurden als untypisch für das menschliche Wesen gedeutet und pathologisiert. Dies hat zweifellos dazu geführt, dass die weibliche Psyche grundsätzlich als Störherd betrachtet wurde. Der wunderbare Begriff »Hysterie« hat schließlich dafür gesorgt, dass sämtliche Verhaltensweisen, die Männer nicht verstehen und begreifen konnten, als hysterische Symptome gedeutet wurden. Die Tragödien, die sich hinter derartigen Diagnosen abspielten, wollte keiner verstehen. Luise Pusch[18] hat Frauenbiografien untersucht und in eindrücklicher Weise dargestellt, was mit Frauen geschah, wenn sie mit den ihnen zugeteilten Rollen nicht zurechtkamen. Sigmund Freud entwarf eine psychologische Theorie, welche die typisch weiblichen Verhaltensweisen nicht mit einbezieht und, falls doch, sie als Störung abhandelt.

Etwa der Begriff »Penisneid« stammt von Freud, und er meint damit, was das Wort besagt. Irgendwann stelle das Mädchen in seiner Entwicklung entsetzt fest, dass ihm etwas fehle. Da, wo der Junge etwas habe, da habe das Mädchen nichts. Dies ist natürlich eine typische männliche Sichtweise und belegt die Vorstellung, den männlichen Körper als Ausgangspunkt für menschliches Leben zu betrachten, aus dem sich alles andere als abartig ableitet. Es könnte genauso gut umgekehrt gedeutet werden. Gehen wir von der Frau als Grundmodell aus, so könnten wir es in entgegensetzte Richtung interpretieren. Der Junge ist nicht ganz in Ordnung, weil er da, wo der Mensch ebenmäßig wohlgeformt ist, Gewebeverdickungen und Wucherungen aufweist, die zweifellos nicht dort hingehören.

Als ich zum ersten Mal während meines Psychologiestudiums vom so genannten Penisneid hörte, verstand ich zwar, was damit gemeint war. Ich suchte mit größten Bemühungen in meiner Psyche nach etwas Derartigem. Da ich aber auch nach intensivem Forschen nichts finden konnte, nahm ich einfach an, mit mir stimme etwas nicht, und eilte sofort in eine Psychotherapie, um mir von einem männlichen Psychotherapeuten helfen zu lassen – der gerne dazu bereit war.

Der zweite Fehler Sigmund Freuds hatte ebenfalls verheerende Auswirkungen. Es lag durchaus im Trend der Zeit, die weiblichen Wesen, was ihre Intelligenz betraf, geringer als die männliche einzuschätzen – was auch noch mit einem kleineren Gehirnvolumen untermauert wurde. Der Frau wurde allenfalls attestiert, dass sie ein Kochrezept lesen oder ein Strickmuster befolgen konnte. Sigmund Freud entwarf daraus eine psychologische Theorie, in welcher er die Minderwertigkeit der Frau gegenüber dem Mann als logischen Schluss folgert. Und auch die ältere Frau erfuhr von Freud eine massive Entwertung: »Es ist bekannt, dass die Frauen, nachdem sie ihre Genitalfunktion aufgegeben haben, ihren Charakter in eigentümlicher Weise verändern. Sie werden zänkisch, quälerisch, rechthaberisch, kleinlich und geizig.«[19] Trotz seiner theoretischen Geringschätzung der weiblichen Intelligenz übernahm Freud selbstverständlich Forschungsergebnisse aus Analysen mit Kindern, die von seinen Schülerinnen erarbeitet wurden, und vertrat sie nach außen als seine eigenen. Inge Stephan beschreibt in einer Semestervorlesung mit dem Titel »Eroberung des Mutterlandes«[20] das Verhältnis Sigmund Freuds zu den Frauen, denen er im Lauf seines Lebens begegnete. Es ist ein zutiefst erschütterndes Dokument, das sich wie ein Kriminalstück anhört, in dem alle Opfer Frauen sind. Diese Ausführungen lassen vor allem nicht zu, Freuds Leistung unkritisch zu sehen. Und wenn wir einerseits seine Leistung würdigen, zugleich aber sehen, wie befangen selbst ein so genialer Geist war, wie unkritisch er dem Denken seiner Zeit folgte, dann dokumentiert es nur, mit welcher Selbstverständlichkeit und gründlicher Vehemenz Weiblichkeit entwertet wurde.

Die wichtigsten Pfeiler der Freudschen Theorie kennen zu lernen bedeutet, einen Schlüssel, einen Rahmen zu erhalten. Dieser erlaubt uns grundsätzlich einen Zugang zum Verständnis der meisten psychischen Prozesse, und darüber hinaus werden entscheidende psychologische Eckdaten aufgezeigt, die es uns einerseits erleichtern, auch andere Systeme und Theorien besser zu verstehen und einzuordnen, und andererseits ein besseres Verständnis für uns selbst und andere zu bekommen.

Mit diesem Grundwissen wird es uns zweifellos besser gelingen, Zugang zu unserer Psyche zu finden, eigene Verhaltensweisen und die anderer Frauen als logische Folge begreifen zu lernen und unsere Gefühle und Emotionen als innere Gesetzmäßigkeiten zu verstehen. Dadurch wird es uns möglich sein, mangelndes Selbstbewusstsein aufgrund seiner psychologischen Entstehungsgeschichte lückenlos zu analysieren. Und dies ist der allererste Schritt, um gezielt die Weichen so zu stellen, damit wir Zugang zu unserer inneren Kraftquelle erhalten, die der Mittelpunkt für Selbstbewusstsein, Selbstsicherheit und Selbstbehauptung ist.

Das Unbewusste weiß mehr über mich

Manchmal versuchen wir, die Rechnung ohne den Wirt zu machen, und sind dann erstaunt, dass irgendetwas nicht so funktioniert, wie wir das gerne hätten. Das Unbewusste mischt aber auf alle Fälle gewaltig mit, und immer wenn wir Reaktionen oder Verhaltensweisen nicht verstehen können, weil sie uns völlig falsch oder unerwünscht erscheinen, lohnt es sich zu fragen, ob sich hier vielleicht eine

Stimme aus dem unbewussten Bereich meldet. Je mehr wir unser Unbewusstes erforschen und darauf zu achten lernen, was es uns mitteilen will, umso besser können wir mit uns und unserem Leben umgehen. Wer mehr über sich weiß, kommt besser mit sich klar.

Das Unbewusste steht für jene Inhalte, die zwar in der menschlichen Psyche gespeichert sind, aber bewusst nicht oder nur schwer zugänglich sind. Diese Einrichtung ist zweifellos ein genialer Schöpfungsstreich, der letztlich die menschliche Existenz überhaupt erst ermöglicht. Das Unbewusste bietet Schutz, sodass sich der Mensch nicht ständig neu mit Erfahrenem und Erlebtem, das ihm besonders an die Nieren ging, auseinander setzen muss. Es gibt ja Erlebnisse, die derart schrecklich sind, dass wir sie am besten vergessen, ja vergessen *müssen*, das heißt im Unbewussten einlagern, um überhaupt weiterleben zu können. Dies ist eine überlebenswichtige Strategie – und das gilt sowohl für Erlebnisse aus der Kindheit als auch im Erwachsenenalter. Vielen Kindern wäre ein Überleben ohne diese Hilfe überhaupt nicht möglich, wenn ihnen zum Beispiel täglich neu bewusst würde, in ihrer Familie unerwünscht oder gar abgelehnt zu sein. Gewaltszenen in der Familie müssen sie »vergessen« können. Diese Eindrücke und die damit erlebten Emotionen werden im Unbewussten versenkt.

Eine Freundin, die bei der Caritas vertriebene Frauen aus Bosnien und dem Kosovo über ihre Vergangenheit befragen muss, erzählte mir von ihren Erfahrungen. Obwohl bekannt ist, dass Massenvergewaltigungen zur Kriegsstrategie der Serben gehörten, erzählen nur wenige Frauen von diesen Greueltaten, die ihnen angetan wurden. Viele Frauen berichten, dass sie, als jene Männer in ihre Häuser eingedrungen waren und ihnen alles, was irgendwie von Wert war, weggenommen hatten, ohnmächtig wurden und erst später, als diese weg waren, wieder zu sich kamen. An das Hinterher können sie sich nicht mehr erinnern. Hier wird die Schutzfunktion des Unbewussten deutlich. Würden sich diese Frauen an die Gewalttat erinnern, könnten sie nicht mehr weiterleben, jegliche Grundlage wäre ihnen entzogen. Vergewaltigte Frauen werden in vielen Kulturen von den Ehemännern häufig verstoßen, und auch die Familie will in vielen Fällen nichts mehr von ihnen wissen. Durch die Vergewaltigung ist sie mitsamt der ganzen Familie entehrt. (»Eine anständige Frau wird sich lieber umbringen als entehren lassen.«) Was kann also eine solche Frau tun, außer zu vergessen? Zudem kann sie ganz sicher sein, dass auch die Familienmitglieder, die ja häufig dazu gezwungen wurden, der Vergewaltigung zuzusehen, dieses Erlebnis genauso verdrängen und ins Unbewusste verdrängen.

Das Unbewusste ist mit einer Tiefkühltruhe zu vergleichen, in die verschiedene Produkte eingelagert werden. Durch den Akt, Erinnerungen aus dem Fokus des Bewusstseins abzuschieben, erfolgt zunächst eine sichtliche Abkühlung der Emotionen. Je weiter weg die Erinnerung geschoben werden muss, desto kühler wird es, bis eine Temperatursenkung unter den Gefrierpunkt erreicht ist und eine Stagnation des emotionalen Erlebens eintritt. Das derart tiefgekühlte Emotionspaket ist zwar vorhanden, aber es sendet zunächst keinerlei Störsignale aus, auch wird sich der tiefgefrorene Gefühlskomplex durch keinerlei Gärungs- und Fäulnisprozesse bemerkbar machen. Deshalb ist es möglich, dass Jahre oder gar Jahrzehnte später das einst Erfahrene, das durch neue Ereignisse und psychische Erschütterungen belebt wird, emotional vollkommen getreu wieder erlebt werden kann.

Das vorübergehende emotionale Stillhalten aber fordert seinen Preis. Die Arbeit, die geleistet werden muss, besteht nämlich darin, die Tiefkühltruhe stets mit ausreichender psychischer Energie zu versorgen, um den Gefrierpunkt zu halten, damit die Erlebnisinhalte nicht aufzutauen beginnen. Dies bedeutet, dass zusätzlich zur alltäglichen Lebensbewältigung ein ernormer Energieaufwand betrieben werden muss. Wird nun durch ein aktuelles, schwerwiegendes Ereignis oder eine Krisensituation diese Energie anderweitig benötigt, um tief greifende Erschütterungen durchzustehen, ist nicht mehr ausreichend Energie zur Kühlung der Tiefkühltruhe vorhanden, und die eingelagerten Emotionen beginnen aufzutauen. Diese werden sich zu der bereits belastenden aktuellen Situation addieren und dafür sorgen, dass es zu einer Gefühlsüberflutung kommt. Meist kann die daraus resultierende heftige Gemütsbewegung, die vielleicht weit über den aktuellen Anlass hinausschießt, nicht eingeordnet werden. Wir verstehen uns selbst nicht mehr und erklären es vielleicht damit: »Ich bin einfach innerlich total aufgeweicht.« Und mit dieser Formulierung liegen wir durchaus richtig.

Das Unbewusste ist also eine Schutzvorrichtung, die das menschliche Wesen davor bewahrt, unangenehme, bedrohliche, Angst machende Erfahrungen als ständig die Gegenwart überschattende Erinnerung in sich zu tragen. Zugleich aber sorgt es dafür, dass derart Abgelagertes aufgehoben wird und nicht ganz in Vergessenheit gerät, schließlich beinhaltet es wichtige biografische Daten und Stationen der Entwicklung. Wir bleiben also stets mit unserer Geschichte, mit allem, was wir erlebt, erfahren und erlitten haben, auf unbewusste Weise verbunden und können davon ausgehen, dass viele unserer Motive, Wünsche und Verhaltensweisen aus diesen unbewussten Gefilden stammen.

Zudem steht die Möglichkeit für eine spätere Bearbeitung und Lösung offen, und zwar dann, wenn wir seelisch so weit gereift und gestärkt sind, dass wir uns einer solchen Aufarbeitung stellen können.

In therapeutischen Prozessen wird immer wieder sichtbar, wie sich der Zeitpunkt der Konfrontation und der Verarbeitung präzis mit der inneren, durch Reife erlangten Bereitschaft, sich einem Problem zu stellen, korrespondiert. Deshalb sind »Kaiserschnitt-Therapien«, die mit ausgefeilten Interventionen versuchen, das Unbewusste aufzubrechen und ans Licht zu zerren, zwar im Moment sehr dramatisch und vermitteln den Eindruck, als habe sich ungeheuerlich viel bewegt. Langfristig aber bleiben diese gewaltsamen Methoden eher wirkungslos. Alles hat seine Zeit.

Wie bereits erwähnt, steht das Verhältnis der Anteile von Unbewusstem zu Bewusstem ungefähr eins zu sieben. Ein Siebtel des Eisbergs ragt aus dem Meer, während sechs Siebtel unter dem Meeresspiegel verborgen bleiben. Das Unbewusste wird sich stets darum bemühen, sein tiefes Wissen mitzuteilen, damit es in die Lebensgestaltung mit einbezogen werden kann. Freud hat als Erster bewiesen, wie zuverlässig das Unbewusste alles aufzeichnet, über Jahre und Jahrzehnte unversehrt aufbewahrt und durch die Psychoanalyse wieder aus der Versenkung ins Bewusstsein gebracht werden kann.

Dazu gehört selbstverständlich auch die Mitteilung der Träume. Freud spricht vom »Königsweg« des Unbewussten. So können uns Träume immer wieder daran erinnern, dass sich gewisse ungelöste Themen noch immer in der Tiefkühltruhe befinden und sich auf diese Weise zu Wort melden. Manchmal ist es wichtig, die Aussage, die in einem Traum verschlüsselt ist, zu verstehen, um sich entweder einem alten Problem zu stellen oder sich mit einer akut anstehenden problematischen Situation zu beschäftigen, um dabei neue Impulse und Perspektiven zu gewinnen. Manchmal genügt allein die bildhafte Darstellung durch ein Traumgeschehen, um sich von einem Überdruck zu befreien, auch wenn wir uns im Tagesbewusstsein nicht weiter mit der Aussage beschäftigen. Wir kennen das auch aus dem körperlichen Bereich unserer Verdauung, wo ein leises Aufstoßen bereits zu einer Erleichterung führen kann.

Da im Unbewussten alle Daten gespeichert werden, ist es auch nicht verwunderlich, dass gerade in Träumen das zukünftige Entwicklungsthema angekündigt wird. Das hat selbstverständlich nichts mit übersinnlicher Prophetie oder Zukunftsweissagung zu tun, sondern allein damit, dass das Unbewusste viel früher seismographisch die feinsten Warnzeichen aufnimmt, speichert, sie zu einer Lösung verarbeitet und via Traum Signale sendet. Werden diese Signale nicht verstanden, zeigen sie sich oft in der Wiederholung oder in neuen Verschlüsselungen.

Es gibt zweifellos Lebenssituationen, in denen es uns unmöglich scheint, die Botschaft aus dem Unbewussten als Hinweis für eine anstehende Veränderung zu begreifen. Ich habe in Therapien immer wieder erlebt, wie beispielsweise eine Ehescheidung bereits Jahre vor einem bewusst erlebten Konflikt in der Partnerschaft in Träumen zum Ausdruck kam. Schließlich habe ich selbst über Jahre davon geträumt, dass das Haus, in welchem ich mit meiner Familie wohnte, abbrennt, vom Sturm zerstört wird oder einfach wie ein Kartenhaus in sich zusammensackt. Ich konnte mich jedesmal mit meinen Kindern noch im letzten Moment aus den Trümmern retten. Dies war zu einem Zeitpunkt, als ich meine Ehe für glücklich hielt. Mein damaliger Mann und ich studierten in dieser Zeit Psychologie, waren an der Traumdeutung sehr interessiert und interpretierten an jenen Träumen emsig herum, die ich alle aufgeschrieben hatte, ohne nur im Entferntesten auf die einfachste Aussage zu stoßen: Unsere Beziehung war im Begriff auseinander zu krachen. Diesen Hinweis hätte ich zum damaligen Zeitpunkt wohl kaum verkraftet.

Die negativen oder gar die Existenz bedrohenden Hinweise sind selbstverständlich besonders schwer anzunehmen. Und so können wir auch sich stets wiederholende

Themen in Träumen als sanfte, vorbereitende Einstimmung darauf zu verstehen lernen, was sich als nächster Entwicklungsschritt ankündigt.

Die meisten Traumbilder sprechen in einer Symbolsprache, und es ist eher selten, dass wir sie einfach eins zu eins in unser Leben übersetzen können. So kann uns ein Traum über den eigenen Tod oder den eines nahe stehenden Menschen in allergrößte Alarmbereitschaft und Panik versetzen. Deshalb ist es in der Bearbeitung wichtig, immer nach der verschlüsselten Aussage zu fragen. Träume, in denen ein Mensch stirbt, deuten meist auf das Beenden einer Lebensaufgabe oder -phase hin, und der Verstorbene steht lediglich für ganz bestimmte Themen oder einen Lebensabschnitt.

Jene Träume, die in ihrer Aussage nicht mehr aufgeschlüsselt werden, fühlen sich in der Regel auch anders an, denn sie können mühelos in das eigene Leben eingeblendet werden. Meist haben sie einen Aufforderungscharakter, etwas zu verändern. Kurz nach meiner Scheidung, die mich sehr mitgenommen hatte, wurde ich von einem Traum überrascht. In meinem realen Leben überlegte ich mir nächtelang, wie ich die Aufgabe, zwei Kinder großzuziehen, mit meiner psychotherapeutischen Berufstätigkeit vereinbaren könnte. Meine finanzielle Lage war, wie die der meisten geschiedenen Frauen, katastrophal. Dann träumte ich, ich hätte den Auftrag bekommen, eine Frauenschule für Psychologie zu gründen. Obwohl ich keine Ahnung hatte, wie eine Schule zu gründen ist, sprang ich am Morgen aus dem Bett und begann, das Projekt »Frauenseminar« auszuarbeiten und später eine richtige Schule auf die Beine zu stellen. Gott sei Dank erhielt ich dann noch weitere Hinweise, was die Umsetzung betraf. Zu diesem Zeitpunkt arbeitete ich nämlich noch als Teilzeitkraft in der Bewährungshilfe und führte zudem eine zeitlich sehr aufwändige psychotherapeutische Praxis. Eine Schule zu gründen ist keine lockere Freizeitbeschäftigung, und hätte es nicht noch weitere Traum-Hinweise gegeben, wie so etwas in die Tat umzusetzen ist, hätte ich es wohl kaum geschafft.

Ich träumte lange von einbeinigen Menschen, die mit größter Energie und unermüdlichem Bemühen versuchten, schwierigsten Aufgaben gerecht zu werden, die aber nur auf zwei Beinen zu bewältigen sind. Der Traum wiederholte sich. Zunächst verstand ich die Botschaft nicht, obwohl ich mir natürlich darüber Gedanken machte. Dann kam mir der Alltag zu Hilfe. Als ich eines Tages an einer Teambesprechung in der Bewährungshilfe teilnahm, sagte ein Kollege zu mir: »Ich finde es schön, dass du wenigstens noch mit einem Bein bei uns arbeitest.« Ich stutzte. Das Thema kam mir irgendwie bekannt vor. »Sag das bitte nochmal«, bat ich ihn. Er wiederholte es, und dabei stellten sich sofort die Traumbilder der einbeinigen Menschen ein. Hinterher fuhr ich sofort nach Hause und schrieb die Kündigung. Ich wusste: Ich muss auf beiden Beinen stehen, um eine Schule gründen zu können. Obwohl ich durch die Kündigung meine einzige feste Einkommensquelle verlor, zögerte ich keinen Moment, diesen Schritt zu unternehmen. Es fühlte sich absolut richtig an. Später bestätigte sich mein Gefühl.

Die Funktion des Unbewussten ist vielfältig. Auf alle Fälle sind im Unbewussten alle Daten über unser Leben enthalten. Das Unbewusste arbeitet äußerst exakt, zeichnet alles auf, auch was dem Bewussten nicht zugänglich ist, und speichert es gewissenhaft. Es lässt sich vielleicht kurzfristig etwas manipulieren, aber auf Dauer wird es immer die eigene Geschichte bewahren. Es ist der zuverlässigste Partner, den wir haben, und es lohnt sich, einen freundschaftlichen Umgang mit ihm zu pflegen.

Die Hintergründe mangelnden Selbstbewusstseins zu

erforschen zwingt dazu, über die Funktion des Unbewussten sowie seiner Ausdrucksformen Bescheid zu wissen. Nur wenn wir darauf achten, was sich hinter den Kulissen abspielt, werden wir in der Lage sein, das schließlich auf der Bühne Dargestellte zu beeinflussen und zu verändern.

Wenn wir nun davon ausgehen, dass in unserem Unbewussten ein tiefes Wissen um unsere weiblichen Werte ruht, das aber stets narkotisiert werden muss, um an der Realität nicht einfach zu verzweifeln, dann wird klar, was für eine ungeheure Arbeit geleistet werden muss, um die Signale, die unser Unbewusstes sendet, zu überhören.

Zugleich demonstriert es in eindrücklicher Weise, welche Virtuosität und Überlebenskünste Frauen entwickeln müssen, um mit ihren schizophrenisierenden Verhältnissen umzugehen ohne durchzudrehen.

Übertragung – Taler, Taler, du musst wandern

In der Psychoanalyse ist die *Übertragung* ein zentraler Begriff. Dies hat wohl dazu geführt, ihn vorwiegend im psychoanalytischen Umfeld anzusiedeln und deshalb viel zu wenig darüber zu reflektieren, in welcher Weise dieses Phänomen in allen unseren Lebensbereichen zum Ausdruck kommt. In der Psychoanalyse wird davon ausgegangen, dass der Klient oder die Klientin frühere Beziehungserfahrungen, seien sie nun positiv oder negativ, durch die Intimität der Beziehung auf den Therapeuten oder die Therapeutin überträgt. Und weil TherapeutInnen in der Regel darin geschult sind, weder auf negative noch positive Gefühlsäußerungen des Klienten persönlich betroffen zu reagieren, wird ein präzises Analysieren der Affekte und Emotionen der Klienten möglich. So lernen KlientInnen über ihre Gefühlsäußerungen, die durch die Beziehung zum Therapeuten entstehen, ihre eigene Geschichte kennen, vor allem erhalten sie Einblick in das emotionale Beziehungsmuster zu Eltern, Geschwistern und anderen nahen Bezugspersonen. Ebenso wird ein Überblick über das gesamte Beziehungsnetz der Vergangenheit erkennbar und zeigt die verschiedensten Gefühle auf, die in Beziehungen erlebt worden sind.

Nun findet aber dies nicht nur im psychoanalytischen Behandlungszimmer statt. Auch im Alltag macht die Übertragung[21] einen wesentlichen Teil unseres Erlebens aus. Was wir in unserer Kindheit erfahren, wird weitgehend unsere Wahrnehmung bestimmen. Haben wir zum Beispiel eine unzuverlässige Umwelt erlebt, also vor allem Bezugspersonen, auf die kein Verlass war, ist es möglich, dass uns diese Erfahrung lebenslang begleitet und wir sie auf andere Situationen und Menschen übertragen. Mit den in unserer Kindheit gemachten ersten Erfahrungen erwerben wir eine besonders gefärbte Brille und sehen die gesamte Welt zukünftig durch sie. Unsere Art und Weise der Wahrnehmung wird geprägt und zeigt sich im Erwachsenenalter darin, wie wir die Welt erleben. Wir haben eine Vorstellung, wie unsere Mitmenschen sind, wir haben ein fest installiertes Weltbild und sind oft von dieser Sicht nicht mehr abzubringen. Jemand, der seine ersten Erfahrungen mit unzuverlässigen Menschen gemacht hat, wird später mit einem gut ausgerüsteten Spürsinn sofort bei anderen jede undichte Stelle herausschnuppern und unbewusst alles daransetzen, dass sich sein Weltbild bestätigt. Es wird ihn unbewusst immer wieder in Beziehungen führen, in denen genau diese ersten Erfahrungen bestätigt werden, und er wird sich vorwiegend auf Menschen einlassen, die alle entsprechenden sichtbaren oder unsichtbaren Anzeichen für seine Einschränkung mitbringen.

Dies mag im ersten Moment unlogisch erscheinen, sollte doch angenommen werden, dass ungute Erfahrungen möglichst gemieden werden. Wir können grundsätzlich zwei gegensätzliche Strömungen ausmachen. Einmal meiden wir schlechte Erfahrungen, zum anderen aber zieht es uns magnetisch dorthin, wo sich eine ähnliche Szenerie, eine ähnliche Dramaturgie ergibt. Letztlich ist stets ein unbewusster, tiefer Wunsch vorhanden, eine Lösung oder gar eine Heilung von Kränkungen und Verletzungen zu finden, und dies kann sich nur vollziehen, wenn die Situation ähnliche Gefühle wie in der ursprünglichen Erfahrung hervorruft.

Die Übertragung findet nach subjektiven Kriterien statt. Allein schon die unterschiedlichen Aussagen sollten einen stutzig machen, wenn mehrere Menschen über ein und dasselbe Ereignis erzählen. Der eine wird über einen harmonischen Ablauf des Geschehnisses berichten, der andere vom totalen Chaos. In der Beurteilung von Menschen ist es ebenso. Die einen erleben jemanden als friedfertig, andere beurteilen die gleiche Person als provozierend und aggressiv. Es kommt auf die Brille an, durch die wir blicken. Und die Optik dazu wurde durch unsere frühen Erfahrungen eingestellt.

Gerade in der Aufschlüsselung mangelnden Selbstbewusstseins kann die Perspektive einer möglichen Übertragung sehr hilfreich sein, um besser verstehen zu lernen, weshalb uns in bestimmten Situationen und bei ganz bestimmten Menschen unsere Selbstsicherheit abhanden kommt.

Virginia Satir[22], die große alte Dame der Psychologie, die sich intensiv und sehr erfolgreich mit Familientherapie beschäftigte, empfiehlt: Um die Welt eines Kindes verstehen zu können, sollten wir uns die Mühe machen, wenigstens auf die Knie zu gehen und aus dieser Von-unten-nach-oben-Perspektive nachzuempfinden, wie sich ein Kind fühlt.

Wir alle waren als Kind der Erwachsenenwelt ausgeliefert und hatten keine Möglichkeit, gezielt einzugreifen, um etwas zu verändern. Sind nun unsere Erfahrungen, die wir mit der Welt der Erwachsenen erlebten, von Gefühlen der Angst und Hilflosigkeit geprägt, ist es durchaus möglich, dass sich in einer bestimmten Konstellation die gleichen Gefühle wieder einstellen und wir uns wieder absolut hilflos und ausgeliefert fühlen. Aus einer solchen Position heraus ist es beinahe unmöglich, ein gutes Selbstwertgefühl zu entwickeln, um später selbstbewusst und selbstsicher aufzutreten.

Die Übertragung wiederholt sich in unserem Leben ständig, manchmal zum Guten, oft aber auch zu unserem Nachteil.

Es gibt Frauen, die durchaus in der Lage sind, in einem kleinen Kreis von Freundinnen ihre Anliegen kompetent vorzutragen. Das aber kann sich schlagartig ändern, wenn andere dazukommen, die sie nicht kennen. Von den Freundinnen wissen sie, dass sie ihnen wohlgesinnt sind. Von Fremden wissen sie es nicht. Und wer nicht die Erfahrung gemacht hat, dass auch Menschen, die wir nicht kennen, einem freundlich und durchaus wohlgesinnt sein können, übertragen wir die Erfahrungen, die wir früher einmal gemacht haben: Vor Unbekannten sollten wir uns hüten, denn wir wissen nie, was sie uns Übles antun wollen. Dieses Misstrauen verkleinert unseren Handlungsspielraum wesentlich, aber auch unser Denkradius schrumpft, grenzt die geistige Bewegungsfreiheit ein. Und so erleben wir uns denn auch: eingeschränkt, nicht in der Lage, aus dem Vollen schöpfen zu können. Bei vielen Frauen zeigt sich diese Verunsicherung vor allem im Kontakt mit Männern. Da entsteht eine Totalblockade. Die Gedanken vollführen Bocksprünge, wir hören uns nur noch dummes Zeug daherreden, stammeln herum oder stellen entsetzt fest, dass wir Dinge erzählen, die wir nicht erzählen wollten. Kurz, wir verlieren unsere Souveränität. Wir fühlen uns elend und dumm. Und dieses Gefühl kennen wir denn auch von früher, wenn wir mit dem, was wir sagten, wollten und dachten, entweder lächerlich gemacht wurden oder überhaupt nicht gehört wurden.

Der Vater spielt selbstverständlich für Mädchen eine zentrale Rolle in ihrem Leben.[23] Schließlich ist er der erste Mann in seinem Leben, mit ihm lernt es den Dialog mit dem anderen Geschlecht. Wenn dieser nur in einer abschätzenden, das Mädchen entwertenden Weise abgelaufen ist, sollten wir uns nicht wundern, wenn diese Kränkungen jedesmal wieder neu hochkommen, sobald ein männliches Wesen aufkreuzt.

So könnten wir, wenn wir unser Erleben, unsere Einstellung zu anderen aufmerksam beobachteten, sehr viel über uns erfahren. Wir könnten etwa in Erfahrung bringen, ob wir die Menschen grundsätzlich als wohlgeraten erachten und uns ihnen deshalb vertrauensvoll zuwenden, oder ob wir ständig erwarten, dass andere uns Böses antun, uns ausbeuten und missbrauchen wollen.

So ist es sicher auch kein Zufall – und mein Unbewusstes hat mich zielsicher dahin geführt –, dass ich ein Frauenseminar gründete. Die Arbeit mit Frauen macht mir derart Spaß, vitalisiert mich und gibt mir ständig neue Impulse. Den Kontakt mit Frauen erlebe ich als Geschenk, als Fundgrube, als Schatz. Und genau diese Gefühle erlebte ich in der Beziehung zu meiner Mutter. Ich badete in ihrem Wohlwollen, in ihrem Interesse. Sie hörte mir zu; alles, was ich erzählte, nahm sie mit größter Aufmerksamkeit auf; alles, was ich fühlte, interessierte sie. Ich lebte mit meiner Mutter in einem kleinen Paradies – so erlebte ich es von meiner subjektiven Warte aus.

Blickt man hingegen durch eine andere Brille, so springt einem vor allem ein dysfunktionales Familiensystem ins Auge: Die Eltern waren getrennt durch einen Altersunterschied von dreißig Jahren und einer unüberwindbaren Sprachlosigkeit. Dazwischen Kinder, lauter Mädchen aus verschiedenen Elternkombinationen gezeugt, darunter vier Töchter meines Vaters, die älter als meine Mutter waren. Meine Mutter, die zwar den ganzen Laden wirtschaftlich zusammenhielt, hatten die Umstände längst ins Abseits gedrängt. Es gab in diesem Sinne keine Familie, nur »Vater unser«, katholischer Mittelpunkt, um den sich einige Töchter scharten. Ich war mit Abstand die Jüngste. Nischenkind. Schlusslicht. Ich gehörte nicht in diese Familie. Aber auch meine Mutter nicht. Und das wiederum war mein Glück. Wir hatten eine eigene Welt, wenn es auch nur eine kleine war. Meine Mutter arbeitete als Näherin in einer Fabrik. Auch das fand ich wunderbar. Nach der Schule war ich mir selbst überlassen und hatte viel Zeit, um in meinem Fantasieland zu spielen. Abends um achtzehn Uhr holte ich meine Mutter am Fabriktor ab. Und wir verbrachten den ganzen Abend allein, und niemand störte uns. Oft brachte sie noch Heimarbeit mit nach Hause, ich saß bei ihr, und während ich die Fäden abschnitt, erzählte ich ihr alles, was mich bewegte.

Diese Erfahrung hat mich geprägt: Auf Frauen kann ich mich verlassen, sie verstehen mich und ich verstehe sie, wir sind uns wohlgesinnt. Mit ihnen fühle ich mich wohl. Und wenn ich Vorträge vor einer großen Gruppe von Frauen halte, komme ich einfach nicht auf die Idee, irgendetwas könne schief gehen, ich könnte missverstanden werden oder mir wolle irgendeine Menschenseele übel.

Ich weiß, dass nun einige denken: Wie schrecklich naiv! Ja, irgendwie ist es naiv. Aber ich lebe seit vielen Jahren sehr gut mit dieser Naivität, mit diesem Glauben an das Gute in der Frau, weder mein Schwung noch meine Freude werden gebremst. Und wenn ich nach einem Vortrag hinterher von einigen Frauen kritisiert oder gar harsch angegriffen werde – was selbstverständlich vorkommt –, kann es mir mein grundsätzlich gutes Gefühl nicht überschatten.

Ganz anders verhält es sich mit Männern. Seit vielen Jahren bin ich darum bemüht, meine ersten Erfahrungen, die ich mit meinem Vater gemacht habe, nicht auf alle Männer zu übertragen. Mein Vater zeigte keinerlei Interesse an mir. Als ich zur Welt kam, war er bereits 64 Jahre alt. Er war ein alter Mann. Lange Zeit stellte sich bei mir beim Wort »Mann« sofort ein Bild eines alten, verwitterten Baumes ein, dessen morsche Äste sofort abknicken, wenn ich mich an ihn lehnen möchte. Mein Vater hatte bereits vier Töchter aus erster Ehe. Er wollte selbstverständlich einen Jungen und war über meine Geburt sehr enttäuscht. Er war mir fremd. Ich verstand seine Welt nicht. Da ich keine Brüder hatte, war mein Erfahrungsbereich ziemlich eingeschränkt. In der Verwandtschaft erlebte ich nur einige aufgeblasene Hähne, von denen ich mich schon als Kind abwandte.

Ich habe erst später mein Bild korrigieren können, nicht uneingeschränkt, versteht sich. Aber ich bemerke immer wieder in ganz bestimmten Situationen, dass die ersten Erfahrungen mit meinem Vater meine Optik eingestellt haben und ich äußerst vorsichtig werde und grundsätzlich eine Bereitschaft mitbringe, männliche Kompetenz in Frage zu stellen. Wenn ich beispielsweise mit Männern in Kontakt komme, die sich ausschließlich aufgrund ihrer Geschlechtszugehörigkeit und ihrer maßlosen Selbstüberschätzung in beruflich höheren Etagen etablieren, obwohl sie keine besonderen Fähigkeiten vorzuweisen haben. Ich wittere den Braten gegen den Wind. Da vermag auch eine in Amt und Würden gekleidete Selbst-Herr-lichkeit die fehlenden Qualifikationen nicht zu verbergen.

Dies sind jene Politiker, menschlich derart flach, nichtssagend und seelisch wie ein verklebtes Präservativ, die aber aus ihrer eingeschränkten Perspektive größten Einfluss auf politische Entwicklungen ausüben. Dies sind jene Chefredakteure in Radio, TV und Printmedien, die Sprache als

Kommunikation an sich nicht verstehen, weil es im Kopf nur so von Einbahnstraßen wimmelt, die alle zur Mülldeponie Verblödung führen. Ihr hartes, sauerstoffarmes Fischlächeln soll Überlegenheit signalisieren und darüber hinwegtäuschen, dass es sich lediglich um letzte Signale absterbender Hirnzellen handelt.

Dies sind jene Pädagogen, Lehrer, Professoren, Privat- und Halbgelehrten, die sich als letztes Mittel aus ihrer Unbeholfenheit in Zynismus und Häme retten und jeden eigenen Furz und Rülpser als wissenschaftliche Meisterleistung zelebrieren.

Dies sind jene Mediziner, die weder von Männern noch von Frauen noch von sich selbst eine Ahnung haben. Sie klempnern an Einzelteilen mal von vorn, mal von hinten herum und wissen nicht, was der Mensch ist.

Dies sind die Dompfaffen, die Psychologen und Psychiater, die von ihrer eigenen Seele in völliger Abkehr leben und ständig anderen am Zeug herumflicken und -ficken.

Dies sind alle Männer, die sich über die Frau erheben und nicht den Mut haben, sich mit den Stärken und Kompetenzen der Frauen zu messen.

Da springt zweifellos meine Grundempörung an, einst – aufgrund meines Geschlechtes – übersehen worden zu sein. Mag sein, dass ich gelegentlich übers Ziel hinausschieße. Wenn ich mir aber vorstelle, wie viele Frauen darauf verzichten, auf Entwertung mit Empörung und Wut angemessen zu reagieren, dann übernehme ich da stellvertretend eine offene Rechnung und gleiche dadurch etwas aus.

Aber viele Männer, die ich überaus schätze – mit nicht wenigen bin ich freundschaftlich verbunden –, fühlen sich von meinen Vorwürfen niemals angegriffen, sondern unterstützen mich, weil sie wissen, wie notwendig eine solche Kritik ist. Heute habe ich persönlich mit Männern keine

Probleme, aber es kommt vor, dass Männer mit mir Probleme haben. Dafür habe ich Verständnis – wer lässt sich schon gerne in die Karten schauen.

Wenn wir nun keine Ahnung von unseren eigenen Übertragungsmustern haben, geraten wir immer wieder in Situationen hinein, die wir selbst nicht verstehen können. Wir sind einfach unseren eigenen Reaktionen ausgeliefert, können uns darüber wundern, staunen oder ärgern: Auf jeden Fall genügt es nicht, sich über den Verstand ein anderes Verhalten aneignen zu wollen. Erst über die Erforschung des eigenen Hintergrundes wird es uns möglich, Verhaltens- und Erlebensweisen langfristig zu beeinflussen, zu korrigieren oder gar aufzulösen.

Widerstand – Modell Vatikan

Der dritte wichtige Begriff, der ebenfalls von Sigmund Freud[24] stammt, ist der *Widerstand*. Widerstand ist die Weigerung einer Person, ihre unbewussten Motive und Wünsche als eigene Anliegen zu erkennen. Widerstand kann demnach auch als Weigerung verstanden werden, mit sich selbst und der eigenen Wahrheit Bekanntschaft machen zu wollen. Dazu gehören nicht nur die schönen und erfreulichen biografischen Ereignisse, sondern auch belastende oder gar traumatisierende Erfahrungen. Und genau hier liegt das Problem. Während wir uns gerne an das Schöne in der Vergangenheit erinnern, widerstrebt es uns, sich jene Ereignisse ins Gedächtnis zu rufen und sie dadurch wieder emotional nachzuerleben, die schmerzhaft oder ängstigend waren und immer noch derartige Gefühle in uns beleben. So kann Widerstand durchaus als eine Schutzfunktion verstanden werden, der uns davor bewahrt, Leidvolles wieder zu erinnern. Es gibt Erlebnisse, die so schwer sind, dass es Jahre oder gar Jahrzehnte der Reifung braucht, bis die Bereitschaft da ist, den Bildern in der Erinnerung standzuhalten. Die meisten Menschen haben eine sehr präzis arbeitende Uhr in sich. Und sie lassen erst dann die Erinnerungen zu, wenn es für sie Zeit ist. Deshalb ist es sehr wichtig, diesen Widerstand ernst zu nehmen und zu respektieren und nicht zu versuchen, andere unbedingt mit ihrer Wahrheit zu konfrontieren. In der Psychotherapie kann eine zu starke Konfrontation mit unbewussten Motiven des Patienten dazu führen, dass sich der Widerstand verstärkt und die Therapie abgebrochen wird.

Der Widerstand zeigt sich facettenreich, virtuos kostümiert, oft weder für einen selbst noch für andere als solcher zu erkennen. Der Mensch scheint ein großes Bedürfnis in sich zu tragen, allem, was das Bild, das er sich von sich selbst gemacht hat, stören könnte, einen mehr oder weniger heftigen Widerstand entgegenzusetzen und eine eventuelle Korrektur abzuschmettern. Der Widerstand gleicht den Schweizergardisten im Vatikan, die den Papst bewachen und dafür sorgen, dass keine ungebetenen Gäste in die geschlossene Welt eindringen und seine Vorstellung von der Welt in Frage stellen und bedrohen. Unsere eigene Widerstands-Offiziersgarde wehrt ebenso Angriffe ab, die unser Selbstbild schädigen könnten, und setzt dafür vielfältige Strategien ein. Die meisterhaften Inszenierungen der Offiziersgarde werden wir noch kennen lernen und sehen, mit welcher Taktik der Widerstand arbeitet, um uns vor dem Blick auf die eigene Realität zu schützen.

Wer sich in den Darstellungsszenarien des Widerstands auskennt, wird nicht nur umfassende Kenntnis über sich erhalten, sondern gleichermaßen vieles, was sich in der Welt abspielt, durchschauen und verstehen lernen. Wer sich sogar darüber ärgert, dass das Patriarchat den Geist noch immer nicht aufgegeben hat, obwohl seine Inkompetenz längst erwiesen ist, kann sich den Ärger schenken und sich mit dem Widerstand beschäftigen, der wie in einem Bilderbuch die Hintergründe illustriert. Die Widerstandstheorie und ihre Abwehrmechanismen beantworten uns auch die Frage, weshalb Frauen nicht zusammenstehen und das Patriarchat einfach stürzen. Und schließlich erkennen wir auch die vielfältigen Abwehrmechanismen, die sich in den Dienst des Widerstands gegen die Rehabilitation der Frau und ihrer Rechte stellen.

Das Patriarchat führt noch immer einen Kampf, der langfristig als verloren gilt. Es lässt sich nicht länger verheimlichen, dass die patriarchale Ordnung nicht nur ihre Töchter kaputtmacht, sondern ebenso ihre Söhne. Obwohl die Inkompetenz vielfach ausgewiesen ist, weigert sich ein großer Teil der Menschen, dieses Scheitern anzuerkennen.

Auf die Frage, weshalb sich Frauen nicht zusammentun und mit geeinten Kräften das Patriarchat mit seiner frauenfeindlichen und frauenentwertenden Ordnungsstruktur zu Fall bringen, können wir erst eine effiziente Antwort finden, wenn wir uns die Abwehrmechanismen, die in den Dienst des Widerstands gesetzt werden, mit seinen virtuosen Verkleidungen etwas genauer betrachten.

SCHWESTERNSTREIT

Abwehrmechanismen – Angriff aus den eigenen Reihen

Im Schwesternstreit bläst einem grundsätzlich eine steife Brise frauenfeindlicher und -entwertender Gesinnungen frontal ins Gesicht. Das verdeckt gelegentlich die Sicht und lässt zunächst leer schlucken, bevor es zu einer vernünftigen Reaktion kommen kann. Die Argumente, mit denen frauenfeindliche Äußerungen und Grundhaltungen als logisch und folgerichtig gerechtfertigt werden, zerplatzen bei genauer Analyse wie Seifenblasen und entpuppen sich als Widerstand, die Frau in ihrer eigentlichen Stärke und Kompetenz zu sehen und zu akzeptieren. Wenn wir davon ausgehen, wie in Frühkulturen das Weibliche verehrt und hoch geachtet wurde, so ist es eigentlich selbstverständlich, dass es einer ungeheuerlich kreativen Verschleierungstaktik bedarf, um den hohen Status der Frau zu verdrängen.

Bleibt die Frage, ob es sinnvoll ist, bei anderen Abwehrmechanismen entdecken und entlarven zu wollen. Sehr viel nützlicher ist es, die eigenen Abwehrtaktiken zu studieren und dadurch mehr über sich selbst zu erfahren. Zweifellos ist es ein abenteuerliches, aber doch auch aufschlussreiches Unterfangen, sich endlich etwas genauer kennen zu lernen. Und wer sich fragt, in welchen Nischen sich das Selbstbewusstsein verkrochen hat, wird ohnehin nicht daran vorbeikommen, irgendwann Bekanntschaft mit sich selbst zu machen.

Mangelndes Selbstbewusstsein verweist auf mangelnde

Kenntnis des eigenen Selbst. Wer nicht weiß, wie sein Auto funktioniert, welches seine Stärken und seine speziellen Tücken sind, wird sich darin wohl kaum je sicher fühlen.

Die Feindlichkeit, die sich von Frauen gegen Frauen richtet, gibt immer wieder Anlass dazu, dies als einen Beweis für den grundsätzlich schlechten Charakter der Frauen anzuführen. Dies ist natürlich Unsinn. Selbst in der Verhaltensforschung von Tieren wird streng auf die Bedingungen und den Kontext geachtet. Es ist eben ein großer Unterschied, wo sich ein Verhalten zeigt: ob in Freiheit oder in Gefangenschaft. Wenn es sich um das Verhalten von Frauen handelt, wird der wichtigste Punkt völlig außer Acht gelassen, nämlich dass wir noch lange nicht auch nur annähernd an sämtlichen Rechten wie das männliche Geschlecht partizipieren, sondern in einem patriarchalen Ordnungssystem leben und den damit verbundenen Diskriminierungen und Unterdrückungsstrukturen ausgesetzt sind.

Das Patriarchat, in dem die Frau der Dominanz des Mannes unterstellt ist, wirkt sich für die weibliche Persönlichkeitsentwicklung und -entfaltung wie ein Gefängnis aus. Schließlich aber trägt jede Frau eine über fünf Millionen Jahre lange Geschichte in sich, die als Urerinnerung an Würde, Freiheit und Selbstbestimmung in ihren Zellen gespeichert ist. Das kann auch in fünftausend Jahren Unterwerfung nicht ausgemerzt und gelöscht werden.

Deshalb müssen weibliche Verhaltensweisen und -muster selbstverständlich immer in einem Kontext untersucht und analysiert werden, der die Unfreiheit der Frau mit einbezieht, um auch nur einigermaßen brauchbare Erklärungsmodelle zu finden. Grundsätzlich möchte ich aber darauf hinweisen, dass die lange Unterdrückungsgeschichte der Frauen dazu geführt hat, dass vielen die Fähigkeit beinahe abhanden gekommen ist, ihre Abhängigkeit kritisch zu bedenken. Das Patriarchat hat mit seiner Gehirnwäsche ganze Arbeit geleistet, auch wenn das Löschen der Erinnerung nicht vollständig gelungen ist.

Die feindselige Einstellung der Frauen untereinander ist in einem System, das Frauen diskriminiert, ein durchaus legitimer Versuch, für einen inneren Druckausgleich zu sorgen. Irgendwo müssen ja die Gefühle für das zutiefst empfundene Unrechtserleben deponiert und wenn möglich wieder abgeführt werden. Wenn zum Beispiel typische weibliche Domänen wie etwa Frauenkliniken, Hebammen-, Krankenschwestern-, Pflegerinnenschulen, Kindergärtnerinnenseminare einer männlichen Leitung unterstehen, ist es nicht verwunderlich, wenn unter diesen völlig unnatürlichen Kompetenz- und Statusverhältnissen Stutenbissigkeit zum Alltag gehört. Statt dass sich die Aggression nach oben gegen den Unterdrücker richtet, der sich die Leitung über ein Frauenressort anmaßt, wird sie entweder horizontal oder nach unten weitergegeben. Und weil dort nur Frauen anzutreffen sind, trifft es auch nur Frauen.

Wenn wir uns mit anderen Frauen zum Thema »Schwesternstreit« unterhalten, können wir zunächst zwei unterschiedliche Reaktionen ausmachen. Die eine Gruppe ist sofort bereit, über die streitsüchtigen, missgünstigen und neidischen Mitschwestern zu diskutieren und an zahllosen Beispielen ihre schlechten Erfahrungen reichlich auszuschmücken und zu belegen. Die andere Gruppe hingegen zuckt mit den Schultern, weiß nicht so recht, kann sich an nichts Derartiges erinnern; für sie ist Schwesternstreit eher ein Fremdwort.

Somit muss gleich eine Korrektur angebracht werden. Wir können also nicht grundsätzlich von sich gegenseitig Bekämpfenden sprechen, sondern es gibt Frauen, die solche negativen Erfahrungen gemacht haben, während dies andere überhaupt nicht kennen. Das heißt also, dass es sowohl falsch ist, von grundsätzlich streitsüchtigen Frauen als auch von grundsätzlich friedfertigen zu sprechen. Es gibt Frauen, die kennen das Problem, und andere kennen es eben nicht.

Hier wird offenkundig, dass die zuvor erläuterte Übertragung eine ganz entscheidende Rolle spielt. Erfahrungen werden auf andere Situationen übertragen, und die Wahrnehmung ist dadurch bereits in eine bestimmte Richtung gelenkt. Die erworbene Optik wird die Wahrnehmung dahin gehend beeinflussen, dass sich die einst gemachten Erfahrungen mit großer Wahrscheinlichkeit wiederholen werden.

Die familiäre Situation ist nachhaltig prägend. Wer in einer Familie aufgewachsen ist, in der das Wohlbefinden des Vaters im Zentrum stand, um den sich die Bedürfnisse und Wünsche der übrigen Familienmitglieder unauffällig zu drapieren hatten, ist bestens für den horizontalen Kampf vorprogrammiert. Die Mutter logiert in der Regel auf dem sozialen Status der Kinder, gelegentlich noch etwas darunter. Während die meisten Kinder über ein eigenes Zimmer verfügen, besitzen viele Frauen keinen einzigen Raum für sich, sondern haben die Küche als ihr Refugium, zwischen Kochtöpfen und Geschirr. Und für viele Männer ist es selbstverständlich, dass sie nebst ihrem Büro im Betrieb auch noch über eines zu Hause verfügen, obwohl sie den ganzen Tag weg sind. Viele Väter genießen in der Familie die Privilegien einer heiligen Kuh. Seine Wünsche und Bedürfnisse sind allen Befehl, was zu eigenartigen Auswüchsen führt. Wie kommt etwa ein erwachsener Mensch dazu, mitten am Tag das Lebenszentrum der Familie, das Wohnzimmer, mit dem Anspruch auf absolute Ruhe zu besetzen, um entweder Zeitung zu lesen, Nachrichten zu hören oder im Fernsehen eine Sportsendung anzuschauen! Wenn sich auf der einen Seite die Bedürfnisse schamlos ausbreiten, kommt es auf der anderen Seite zu einer Verknappung. Das Gerangel unter Geschwistern und der statusgleichen Mutter ist die Folge.

Die Übertragung klickt später oft lautlos an. Da genügt eine männliche Figur, beispielsweise ein Chef, und wir verhalten uns wie damals, geben ihm unendlich viel Raum, übersehen seine Allüren und sein schlechtes Benehmen und starren dafür penibel auf die Arbeitskollegin, bemerken sofort jede kleinste Unebenheit in ihrem Verhalten. Und vielleicht gehen wir auch so weit, sie bei anderen schlecht zu machen oder gar beim Chef zu verpfeifen. Immer aber wird deutlich, dass sich das Gerangel unter Frauen um die im Zentrum stehende männliche Figur dreht.

Frauen mag ich nicht

Nicht allen Töchtern ist es möglich, sich mit ihrer Mutter zu identifizieren. Wenn sie noch in einer traditionellen Frauenrolle gefangen ist, wird es für die Tochter kaum viel Anreiz geben, wie die Mutter zu werden. Sie wird ihr unter keinen Umständen nacheifern wollen, denn so wie sie will die Tochter um keinen Preis werden. Auch wenn der Mutter innerhalb der Familie durchaus Wertschätzung und Anerkennung entgegengebracht wird, so geht die Entwertung, die auf breiter gesellschaftlicher Ebene stattfindet, an keinem Mädchen spurlos vorbei.

Ein junges Mädchen lernt früh, dass eine Frau auf der untersten Stufe sozialer Anerkennung rangiert und dass ein enges Rollenbild dafür sorgt, seine Fähigkeiten, Talente und Begabungen nicht ungezwungen in einer Frauenrolle ausleben zu können. Obwohl Frauen heute freien Zugang zu allen Wissensgebieten haben, darf uns das nicht darüber hinwegtäuschen, dass es für Frauen um einiges schwieriger ist, sich in typischen Männerdomänen mit Selbstverständlichkeit zu bewegen. Theoretisch steht der Frau die Welt offen, faktisch trifft dies nicht zu. Die durch Medien getreu dokumentierte spärliche weibliche Besetzung in sämtlichen obersten Führungsetagen sowie alltägliche Erfahrungen wirken auf das Unbewusste ein und prägen die Zukunftsvision nachhaltig.

Die Art und Weise, wie ein junges Mädchen für sich Weiblichkeit und Selbstwert verbinden kann, hängt natürlich auch von der Mutter-Tochter-Beziehung ab. Viele Mütter sind selbstwertarme Frauen. Wie sollen sie der Tochter vermitteln können, dass »es schön ist, eine Frau zu sein«? Die Tochter wird zur Zeugin, wie die eigene Mutter immer wieder mit Geringschätzung bedacht wird, sei dies nun in der eigenen Familie oder in der Gesellschaft. Solange es Vereinigungen geben muss wie etwa das »Mütterhilfswerk« und andere Hilfsorganisationen, wird kaum eine Tochter der Idee verfallen, die Wertschätzung der Mütter sei in unserer gesellschaftlichen Ordnungsstruktur als Selbstverständlichkeit verankert.

Wie ich bereits beschrieben habe, hatte ich ein inniges Verhältnis zu meiner Mutter. Sie war die Person, die ich am meisten liebte. Sie war für mich die Königin, die Einzige, die Vertraute, die Verlässliche. Und ich erinnere mich noch genau, wie ich gelegentlich, vor allem später in der Pubertät, in eine Gefühlsverwirrung von Ablehnung, ja sogar Hass und Verachtung geriet, und manchmal überfiel mich sogar ein beinahe unüberwindlicher Ekel. Ich war ratlos und verstand mich nicht. Erst viel später, als ich Ähnliches auch im Erleben bei anderen Frauen entdeckte, begann ich allmählich zu verstehen. Wenn die Tochter miterleben muss, wie die eigene geliebte Mutter entwertet wird, packt sie das blanke Entsetzen. Es ist, als werde etwas, was uns lieb und heilig ist, in die Gosse geworfen. Und weil wir nicht durchschauen, was da geschieht, richten wir unsere Wut nicht gegen die Verusacher, sondern gegen die Mutter.

Vielleicht aber sind wir auch zutiefst enttäuscht, wenn unsere Mütter, die wir stark und mutig erleben, sich nicht zur Wehr setzen, sondern Demütigungen und Kränkungen über sich ergehen lassen.

Eine entwertete Mutter ist für eine Tochter eine tiefe Verletzung, von der sie sich wahrscheinlich nur allmählich erholen wird, indem sie sich der Zusammenhänge bewusst wird. Es ist also nicht verwunderlich, wenn sich die Tochter weigert, sich mit der Rolle einer Frau zu identifizieren.

Das heranwachsende Mädchen lernt, dass es durch die Tür, die in die Welt führt, nur gehen kann, wenn es sich von bestimmten als weiblich geltenden Eigenschaften freimacht und ganz der männlichen Bewertungsskala folgt. Es identifiziert sich also mit den Siegern in dieser Gesellschaft und will möglichst nicht in die Nähe der weiblichen Verliererinnen geraten. Solche Frauen sagen dann auch frisch von der Leber weg: »Frauen mag ich nicht!«

Aber die Sache hat einen Haken: Wer andere Frauen nicht mag, lebt auch mit sich selbst im Unfrieden, führt gegen sich selbst einen Krieg, der nie zu gewinnen ist – auch wenn noch so erfolgreich sämtliche Männerbastionen erobert werden.

Dahinter steckt ein tiefes Unwertgefühl gegenüber der eigenen Weiblichkeit. Letztlich sind keine Selbstachtung und vor allem keine Selbstliebe vorhanden.

Frauenfeindliches Verhalten von Frauen ist wie ein Spiegel, der reflektiert, wie Frau mit sich selbst umgeht. Um die eigene Wertlosigkeit nicht fühlen zu müssen, solidarisieren sich selbstwertschwache Frauen mit den selbstbewussten Siegern, dem männlichen Geschlecht, und projizieren ihren Unwert auf andere Frauen.

Trotzdem muss die Frage gestellt werden, wie es letztlich dazu kommt, dass sich viele Frauen mit einer Unterdrückungsideologie, die sich ja gegen sie selbst richtet, solidarisieren und eine zuverlässige Komplizenschaft mit den Männern anstreben.

Der Vorgang der Komplizenschaft zwischen Unterdrückern und Unterdrückten zeigt, wie exakt seelische Gesetzmäßigkeiten arbeiten und mit welcher Virtuosität der Widerstand versucht, den Blick auf die Wirklichkeit zu verstellen und mit Verkleidungskünsten die Abwehrmechanismen dem analytischen Blick zu entziehen.

Die *Identifikation* als Abwehrmechanismus vermag einige hintergründige Motive im Schwesternstreit zu erhellen. Hier wird sie mit dem Individuum Mann gesucht, das mit jenen sozial erwünschten Eigenschaften ausgestattet ist, die ihm Status und Anerkennung bringen. Die Identifikation ist also ein wirksamer Schutz, um sich nicht den Kränkungen, Verletzungen und Demütigungen auszusetzen, die dem weiblichen Geschlecht gelten. Sie ist wie ein fremdes, schillerndes Kostüm, das über die etwas ärmliche eigene Kleidung geworfen wird. Somit genießen wir stellvertretend Zuwendung und Wertschätzung.

Für Frauen ist die Identifikation ein geeigneter Abwehrmechanismus, um eigene Wünsche, zum Beispiel nach beruflicher Anerkennung, abzuwehren. Sie identifizieren sich mit ihrem Ehemann, dienen ihm zu, halten ihm den Rücken frei, damit er an der Front Erfolge verbuchen kann. Seine Erfolge sind auch ihre, sein finanzieller Gewinn auch ihrer. Ein böses Erwachen folgt dann, wenn sich das Paar trennt und die Frau mit der Vorstellung, Teil eines erfolgreichen Partners gewesen zu sein, letztlich mit leeren Händen dasteht.

Selbstverständlich lassen sich Abwehrmechanismen nicht immer klar gegeneinander abgrenzen. So finden sich nicht selten in der Analyse von Verhaltensweisen zwei oder mehrere Abwehrmechanismen in Kombination, die sich sinnvoll ergänzen, den Widerstand stärken und helfen, die wahren Beweggründe zu verschleiern oder bis zur Unkenntlichkeit zu kostümieren.

Das beharrliche und hartnäckige Verleugnen männlicher Dominanz, das von Seiten der Frau geschieht, wird von vielen als ein ungeheuer schmerzlicher und völlig unverständlicher Akt frauenfeindlicher Gesinnung aus den eigenen Reihen erlebt. Eine Analyse zeigt aber, dass dahinter eine Verdrängungsleistung steht, die durchaus Sinn ergibt. Da ist einmal die Frau, die in einem Abhängigkeitsverhältnis eingeschlossen lebt und sich ihre Lebenssituation nicht in Frage stellen lassen will. Ein kritischer Blick würde es ihr schließlich unmöglich machen, weiterhin in einer Beziehung zu leben, in der sie sich nicht entfalten kann. Viele Frauen geraten unfreiwillig in die Situation, der Wahrheit ins Gesicht zu sehen, falls es zu einer Trennung kommt.

Die andere Position wird durch jene Frau vertreten, die sich selbst ihren Teil in der männlichen Welt holt, das heißt, sie partizipiert in vollem Umfang, bekleidet eventuell sogar eine Machtposition. Die weibliche Misere anderer Frauen wird einfach nicht zur Kenntnis genommen, und sie identifiziert sich aus ihrer Stellung heraus nie mit der Situation der Frau im Allgemeinen. Die Realität wird verdrängt und ausgeblendet, auch werden Zahlen und Statistiken, die das Ungleichgewicht belegen, keine Einsicht bringen und ihre Überzeugung nicht zu erschüttern vermögen.

Wenn andere davon sprechen, dass Frauen in unserer Gesellschaft noch immer unterdrückt werden und zu den Verliererinnen zählen, dann jaulen sie auf, wollen davon nichts wissen, äußern sich unverhohlen wie die ehemalige britische Premierministerin Margaret Thatcher: »Ich hasse diese schrillen Töne der Emanzen.«[25] Obwohl es sich in der Regel um intelligente Frauen handelt, bringen sie es dennoch fertig, sich auch von ihrer Intelligenz zu distanzieren, und begehen den Fehler, der ihnen eigentlich nicht unterlaufen dürfte: Sie schließen von sich auf andere und fegen damit das Problem vom Tisch. Sie vergessen, dass sie zu einer elitären Minderheit gehören. Sie führen an, dass dies alles nicht stimme und mit der Situation der Frau überhaupt nichts zu tun habe. Und mit ihrer Argumentation haben sie dann Recht, wenn ausschließlich ihr eigenes Leben als Maß für alle anderen weiblichen Lebensentwürfe gilt. Wenn wir uns diese Frauen und ihre Position einmal etwas genauer anschauen, haben sie tatsächlich keinen Grund, sich über irgendeine Benachteiligung zu beklagen. All diese Frauen gehören zu den ganz wenigen, die an männlichen Privilegien teilhaben.

Die typische Karrierefrau hat zu allen Bereichen wie ein Mann selbstverständlich Zutritt, sie ist erfolgreich, partizipiert an Macht und wirtschaftlichem Gewinn. Als Mädchen wurde sie entweder vom Vater gefördert, oder seine Gleichgültigkeit und Entwertung hat ihre Trotzenergie herausgefordert. Im Falle einer Förderung hat er ihr alles beigebracht und sie in sämtliche Spielregeln eingeweiht, um in der Männerherrschaft erfolgreich mitzumischen. Wurde hingegen die Tochter vom Vater entwertet, wird sie entweder zeitlebens versuchen, den Phantomschmerz »Vater« zu lindern, indem sie Anerkennung und Bestätigung von anderen Männern einfordert. Oder aber ihre Devise lautete »Jetzt erst recht!«, und sie schaute ihm trotzdem in die Karten. Beide Varianten werden ihr dabei behilflich sein, um sich weit vom Rollenmodell Mutter zu distanzieren. Somit ist für die Tochter die Gefahr gebannt, in ihre Fußstapfen zu treten. Sie identifiziert sich mit dem Lebensentwurf des Vaters, und damit stehen ihr alle männlichen Positionen offen, sie schlägt sich sehr früh auf die Siegerseite, was sich für sie als äußerst günstig erweisen wird. Sie wehrt also durch die Identifikation mit dem Vater die Konfrontation mit der Benachteiligung der Frau ab.

Margaret Thatcher ist eine typische Vatertochter, sie bewunderte ihren Vater über alle Maßen. Von ihm hat sie alles gelernt, was es braucht, um später Macht auszuüben. Sie verdanke ihrem »Pa alles, einfach alles«, schwärmte sie auch im fortgeschrittenen Alter. Selbstverständlich gehören auch die Härte, die Unerbittlichkeit, mit denen sie sich durchsetzte, dazu. Die äußerst zielstrebige, intelligente und fleißige Margaret studierte Jura und Chemie, heiratete 1951, gebar die Zwillinge Carol und Mark und arbeitete als Steueranwältin. Mit 34 Jahren zog sie ins britische Unterhaus ein. Sie konnte es sich leisten, die Kinder von einer Haushälterin großziehen zu lassen. Nachdem sie an der Macht war, ließ sie zuerst Kindergärten und Förderungsprogramme für berufstätige Mütter streichen, was ja aus ihrer Sicht völlig logisch war. Es ist ja auch jene unerbittliche Härte, mit der sie selbst gegen ihre Geschlechtsgenossinnen vorgeht, die den männlich identifizierten Frauen vorgeworfen wird. Und diese Gelegenheit wird denn auch gerne genutzt, um den Frauen nochmals eins auszuwischen und den Vorwurf anzubringen, Frauen seien doch auch nicht besser als Männer – oder gar noch schlimmer. Leider wird dabei außer Acht gelassen, dass wir es hier mit einer männlich identifizierten Frau zu tun haben, die männliche Eigenschaften lebt und repräsentiert und nicht im Traum daran denkt, sich mit der Seite der Verliererinnen zu identifizieren.

Die Erfolgsfrau zeigt sich aber auch noch in einer anderen beliebten Spielart. Diese Frau ist zwar nicht männlich identifiziert, aber es gelingt ihr, den Mann als Förderer ihrer Karriere einzuspannen. Sie hat bereits als Mädchen die ungleichen Rollen unbewusst aufgenommen und be-

129

griffen, dass Weiblichkeit Gewinn bringend instrumentalisiert werden kann. Sie weiß, welche Knöpfe beim Mann zu drücken sind, damit er Karriere fördernd anspringt. Die meisten Männer sind auf Sexualität programmiert, und ihr Verhalten ist äußerst präzise steuer- und berechenbar.

Deshalb stellt der Mann einen großen Risikofaktor dar. Interessant, dass genau diese Tatsache, obwohl vielfach dokumentiert, ebenso kollektiv verdrängt wird. Ein männlicher Amtsträger ist für sexuelle Reize empfänglich wie ein Rüde für eine läufige Hündin. Deshalb bevorzugt die Polizei im Einsatz weibliche Hunde, um nicht mit einem Rüden Gefahr zu laufen, dass er sich durch einen verführerischen Geruch von seiner Aufgabe ablenken lässt. Und wir täten gut daran, bei der Besetzung verantwortungsvoller politischer Ämter dieses Risiko einzuplanen. Es gibt Frauen, die diese hormonelle Störanfälligkeit des Mannes einkalkulieren und sich über diesen Sektor Vorteile erarbeiten. Das heißt, sie setzen ihre weiblichen Reize wie selbstverständlich ein, wenn es darum geht, das einwandfreie Funktionieren des Verstandes beim männlichen Geschäftspartner etwas zu reduzieren oder ganz außer Gefecht zu setzen, um besser zum gewünschten Ziel zu gelangen. Sie gehen mit dem erweiterten Spektrum nonverbaler Argumentation sehr natürlich um und sehen in der Tatsache, eine Frau zu sein, absolut kein Problem, sondern eher einen Vorteil.

Sie gehen sogar noch einen Schritt weiter und identifizieren sich mit dem Angreifer Mann, dem Aggressor, der die Würde der Frau angreift und verletzt. Für ihn ist die Frau lediglich ein Objekt seiner Triebbegierde, er reduziert sie als Mensch. Dadurch wird die Frau zutiefst verletzt. Um aber diese Verletzung und Entwürdigung nicht zu fühlen, distanziert sich die Frau von sich selbst und identifiziert sich mit der Position des Mannes. Darüber hinaus bejaht sie die Haltung des Mannes. Mehr noch, sie übernimmt sogar seine Bewertung und Beurteilung anderer Frauen wie beispielsweise ihre Fähigkeit, das männliche Geschlecht sexuell zu stimulieren, und beurteilt sie mit den Augen eines Mannes. Eine durchaus geläufige und harmlos anmutende Bemerkung von Frauen entpuppt sich in diesem Zusammenhang bei genauer Betrachtung als durch und durch frauenfeindlich und sexistisch: »Mit solchen Beinen dürfte die keinen kurzen Rock tragen!« Alle negativen Äußerungen anderer Frauen gegenüber, die das Aussehen betreffen, sind letztlich ein Versuch, die eigenen erlittenen Verletzungen des Begutachtetwerdens abzuwehren und zu verdrängen.

Als weiteres Beispiel gibt es noch die Frau Gemahlin, die selbst nicht aktiv sein muss, sondern sich als Frau von Herrn X Zutritt zu allen Bereichen verschafft hat. Sie genießt sämtliche Privilegien und ist durchaus bereit, auch ihren Teil dazu beizutragen, indem sie als Gegenleistung möglichst gepflegt und attraktiv in Erscheinung tritt – was mit zunehmendem Alter eine stets anspruchsvollere Aufgabe sein wird. Sie wird die Argumente, die aus der Frauenbewegung kommen, entweder übergehen und nicht zur Kenntnis nehmen oder ihre fordernden Schwestern als grundsätzlich unzurechnungsfähig abtun. Selbst wenn diese Frauen im Bekanntenkreis miterleben, wie die meisten Ehefrauen, Freundinnen und Geliebten einem unerbittlichen Verfallsdatum unterworfen sind und schließlich nicht wenige ausgemustert und durch eine andere ersetzt werden, wird dieser Tatbestand hartnäckig geleugnet.

Frauen aber identifizieren sich nicht nur mit dem beruflichen Erfolg ihrer Partner, sondern auch mit dem ihrer Chefs. Die Identifikation schützt sie davor, die tief sitzende Kränkung zu erkennen, die eigenen Fähigkeiten nicht als eigene Kompetenz zum Ausdruck bringen zu können und selbst Anerkennung zu erhalten und darüber hinaus für ihre Leistung angemessen entlöhnt zu werden. Sie stellen sich ganz und gar in den Dienst der Aufgabe, was an und für sich ein durchaus lobenswerter Wesenszug ist. In solchen Arbeitsverhältnissen schießt die Selbstaufgabe jedoch weit über das Ziel hinaus und ist – das kommt noch hinzu – vollkommen umsonst. Die geleistete Energie fließt nämlich nicht ausschließlich der Arbeit zu, sondern führt dazu, dass sich der Chef mit fremden Federn schmückt, Anerkennung und Lob dafür kassiert und darüber hinaus auch noch wirtschaftlich honoriert wird.

Der Stachel einer solch gravierenden Misswirtschaft kann nur durch Identifikation mit dem vermeintlichen Leistungsträger über längere Zeit durchgestanden werden, wenn er verdrängt und abgewehrt wird. Frauen, die sich mit ihrem Chef identifizieren, sind mit ihren Arbeitskolleginnen alles andere als solidarisch. Es geht ja schließlich darum, möglichst einen bevorzugten Platz an der Sonne zu erhalten. Wenn wir bedenken, wie viele mittelmäßig bis unterdurchschnittlich begabte Männer in Chefpositionen sitzen und nur dank ihrer außerordentlich tüchtigen, intelligenten und kompetenten Sekretärin ihre Aufgaben zu erfüllen vermögen, dann wird klar, dass viele Frauen diesen himmelschreienden Missstand nur noch aushalten, indem sie sich mit ihrem Chef identifizieren.

Die Verhaltensweisen dieser Frauen belegen, dass sich dahinter der tiefe Wunsch verbirgt, in vollem Umfang an sämtlichen Möglichkeiten der Lebensgestaltung und ihrer Entfaltung zu partizipieren. Es sind sowohl intelligente Frauen mit einer hohen Kompetenz an Sachwissen als auch jene, die sich nicht unterkriegen lassen wollen. Sie wollen aus dem Vollen schöpfen. Sie wollen die Freuden des Lebens genießen, sich aber auch den Pflichten und Aufgaben des Lebens stellen. Und weil die Realität derart schmerzvoll ist, wird sie verdrängt und verleugnet.

Zudem werden sie mit diesem Versuch, das Dilemma zu lösen, auf alle anderen Frauen, die sich über die gravierende

Benachteiligung der Frau aussprechen, äußerst feindselig reagieren und mit tausend Gegenargumenten aufwarten.

In diesem Streit gibt es keine Siegerinnen, sondern nur Verliererinnen. Die Kränkungen finden in beiden Lagern statt. Die Frauen, welche die Seite der Benachteiligten vertreten, fühlen sich von ihren Schwestern im Stich gelassen und darüber hinaus noch verraten. Und da in dieser Fehde sämtliche Register der Kriegsführung zum Einsatz kommen, findet ein ziemliches Gemetzel statt. Der Hausfrau wird die Mütterlichkeit vorgeworfen, der männlich identifizierten Karrierefrau wird Härte und Unweiblichkeit angekreidet, die Frau, die sich den Mann vor ihre weiblichen Attribute spannt, wird als Schlampe tituliert, und die vielen Frauen, die sich dazwischen bewegen, bekommen früher oder später auch noch eins übergezogen.

Regression – Fürsorge durch die Hintertür

Ein interessanter Abwehrmechanismus ist die *Regression*. Wir können ihn bei allen Frauentypen finden – allerdings erst bei genauerem Hinsehen oder -hören.

Für viele Frauen ist Regression noch die einzige Möglichkeit, etwas, was sie als Mangel erleben, auf diese Weise zurückzufordern – ohne offen Farbe zu bekennen. Vielleicht entbehren wir der Fürsorge, haben das Bedürfnis, uns bei jemandem anzulehnen, möchten auch mal Schwäche zulassen oder empfinden ganz einfach ein Schutzbedürfnis, das aber nirgends gestillt wird. In der Regression wehren wir diese Grundbedürfnisse ab, indem wir auf frühere Entwicklungsphasen zurückgreifen, weichen auf längst überwundene Verhaltensweisen aus und kommen so auf diesem Umweg zu unseren abgewehrten Wünschen nach Fürsorge, Schutz und so weiter.

Es gibt Menschen, die schlagen sich ganz gut durchs

Leben. Sie bezahlen pünktlich ihre Rechnungen, sie fahren problemlos von A nach B, buchen sich ein Hotel und haben keinerlei Schwierigkeiten, ihr Leben zu organisieren. Das kann sich aber blitzschnell ändern, wenn sie nicht mehr allein sind. Sitzt noch jemand auf dem Beifahrersitz, ist es schlagartig vorbei mit dem Orientierungssinn. Sie können plötzlich die Wegweiser nicht mehr lesen, fragen dauernd, ob sie nun nach links oder nach rechts fahren müssen und so weiter. Dahinter steckt der Wunsch, dass jemand für sie die Arbeit übernimmt, die Verantwortung für sie trägt und für sie sorgt. Dieses Verhalten kann vor allem bei Menschen beobachtet werden, die sich selbst ein großes Maß an Verantwortung zumuten, sich stets um alles selbst kümmern und wenig oder überhaupt nicht in den Genuss kommen, sich auszuruhen, sich bei jemandem anzulehnen. Emanzipierte Frauen tragen nicht selten einen solchen Schatten mit sich herum, stellen sie doch an sich selbst den Anspruch, alles im Griff zu haben, niemals schwach zu sein oder gar schlappzumachen. Dass daneben natürliche Wünsche – sich auch einmal anzulehnen, sich verwöhnen zu lassen – zu kurz kommen, interessiert sie nicht.

Ich weiß, wovon ich spreche. Manchmal denke ich, emanzipierte Frauen sind die ärmsten Schweine. Nach außen sind sie stark und, wenn sie Pech haben, auch noch erfolgreich. Das führt dazu, dass sie einem Dauermangel liebevoller Zuwendung durch andere Mitmenschen ausgesetzt sind. Niemand käme auf die Idee, ihnen zwei, drei unsägliche Winzigkeiten abzunehmen – von Alltagserschwernissen ganz zu schweigen, die die Lebensfreude vermasseln. Wir schleppen unsere schweren Koffer selbst. Wir karren das Auto selbst in die Waschanlage und kümmern uns um die Montage der Winterreifen. Wir verbringen unsere Freizeit damit, uns durch ein dreihundert Seiten dickes Handbuch für das neue Fax-Gerät zu ackern, vom Multimega-Infostau im Internet ganz zu schweigen. Gleichzeitig bügeln wir auch noch unsere Blusen und – Emanzipation hin oder her – seine Hemden. Wen wundert's, wenn uns irgendwann plötzlich die Luft ausgeht und wir die einfachsten Dinge nicht mehr wissen. Vielleicht müssen wir gar so weit gehen und uns eine kleine Grippe anlachen, in der heimlichen Hoffnung, vom Partner versorgt oder vielleicht etwas gehätschelt zu werden. Auch Knochenbrüche sind sehr günstig, damit erhalten wir vorübergehend wenigstens Unterstützung für den eingeschränkten Bewegungsapparat. Das ist für sehr selbständige Frauen oft noch die einzige Möglichkeit, etwas Fürsorge zu erhalten, ohne Gefahr zu laufen, gleich für den Rest ihres Lebens als unselbständig eingestuft zu werden.

Die Sache hat natürlich einen Haken. Da die ganze Angelegenheit vom Unbewussten aus gesteuert wird, haben wir auf den Regieplan keinen Einfluss und können die Richtung nicht mehr bestimmen. So kann es leicht geschehen, dass uns die ganze Inszenierung aus dem Ruder läuft und wir den Ereignissen hilflos ausgeliefert sind.

Auch ich habe diesbezüglich schon meine Erfahrungen gesammelt. Ich hasse Festbankette. Bin ich irgendwo eingeladen, erkundige ich mich über Ablauf und Struktur. Stellt sich heraus, dass die Gäste auf festgelegten Plätzen an einem Tisch sitzen, sage ich ab. Zu oft habe ich bei Anlässen, auch familiärer Art, einen endlosen Abend lang durchgelitten: Zwangsgemeinschaft mit irgendwelchen Tischnachbarn, zum hilflosen Herumstochern in Höflichkeitsfloskeln verurteilt, deren Vorrat irgendwann erschöpft ist. Bei vielen sich unfreiwillig zusammenfindenden Gesprächspartnern ist nach spätestens zwanzig Minuten alles gesagt. Die folgenden Stunden sind die reinste Folter. Und ich kann mich nur noch retten, indem ich mich hemmungslos dem Tafeln hingebe und meinen ganzen Frust in mich hineinfresse – was verheerende Folgen hat.

Ich hatte mich seit Monaten auf Silvester gefreut. Viele Freunde waren geladen. Es sollte ein großes Fest werden. Mit meiner Haushälterin, die in punkto Haushaltsführung noch weniger Ahnung hat als ich, besprach ich schon lange vorher, wie die kulinarischen Aspekte aussehen sollten. Ich wollte ein großes Buffet aufbauen und alles fertig zubereitet anliefern lassen. So könnten sich die Gäste bedienen und sich im ganzen Haus nach Belieben verteilen, ganz so, wie ich das gerne habe. Ich fertigte Zeichnungen an, damit ich mir über die Größenordnung und Vielfalt der Speisen eine Vorstellung machen konnte. Alles war bestellt, das Haus hergerichtet, weiteres Hilfspersonal angefordert. Zwei Tage vor Silvester reiste eine geladene Freundin zu früh an, die sich im Datum geirrt hatte. Nun, schon einmal hier, wollte sie nicht untätig warten. Und weil sie auch in ihrem Leben alles im Griff hatte, packte sie auch bei mir an. Da ich bereits nervös war und bangte, ob wohl alles klappen würde, nahm Gaby mir kurz entschlossen das Heft aus der Hand.

Es ist ja interessant, wovor sich Menschen am meisten fürchten. Ich sterbe jedesmal vor Aufregung, wenn ich Besuch erwarte. Ich bin davon überzeugt, dass der Kaffee, den ich zusammenbrauen werde, ausgerechnet dann wie Spülwasser schmeckt, dass sich die Eiswürfel für den Aperitif, da zu früh aus dem Tiefkühlfach geholt, bereits aufgelöst hätten, Salzgebäck im Ofen verkohlt und die Knabbersachen von den Hunden aufgefressen seien. Etwas Umfangreicheres, Mehrgängiges selbst herzustellen läge mir ferner, als auf einem Seil zu tanzen. An diesem Silvesterfest sollten vierzig Menschen verköstigt werden.

Gaby war Geschäftsfrau und wäre zweifellos auch als Hoteldirektorin erfolgreich geworden. Mir fiel ein Stein vom Herzen. Gaby übernahm die Regie. Zuerst stellte sie dies und das um und entschied, dass die Gäste nicht im ganzen Haus herumspazieren, sondern sich auf einige wenige Räume beschränken sollten. Ich hatte mir das zwar so schön vorgestellt – überall kleine Grüppchen, die sich rege unterhalten –, aber ich ordnete mich Gaby unter. Sie instruierte das Personal, und ich war überglücklich. Ich würde mich ganz und gar auf die Gäste konzentrieren können und hätte mit dem Organisatorischen nichts mehr zu tun.

Als die ersten Gäste kamen, genoss ich meine Rolle in vollen Zügen. Wir hielten Gläser in der Hand und unterhielten uns. Es gab bereits kleine Naschereien, winzige gebackene heiß dampfende, knopfgroße Pizzen. Da ich mich um nichts mehr gekümmert hatte, bemerkte ich nicht, dass nirgends ein Buffet aufgebaut war. Gaby hatte umdisponiert. Irgendwann wurden wir alle zusammengetrommelt und an lange Tische gesetzt. Ich saß, eingequetscht zwischen dem Mann einer Freundin und der Frau eines Freundes, die ich kaum kannte. Der Mann erzählte vom Fischen und die Frau vom Vorhangnähen. Die Vorspeise wurde aufgetragen. Dann kam die Suppe. Dann folgten einige Gänge, an die ich mich im Einzelnen nicht mehr erinnern kann. Nach dem zweiten oder dritten Gang wurde mir speiübel, und ich rannte zur Toilette. Während meine Gäste tafelten, hing ich über der Kloschüssel. Schließlich robbte ich auf allen vieren ins Bett, elend, in Schweiß gebadet. Frederic kam nach einer Stunde ebenfalls. Auch ihn hatte das Elend der Festgestaltung erwischt. Um Mitternacht drang der Lärm von Feuerwerk und Korkenknallen und Gelächter einer fröhlichen Gesellschaft an unsere Ohren. Wir lagen wie heruntergeschlagene Fliegen bewegungslos im großen Bett und hielten uns an den leblosen Händen. Ich heulte lautlos und haderte bitter vor mich hin.

Am nächsten Morgen war der Spuk vorbei. Die Gäste waren abgereist, und wir fühlten uns wieder besser. Gaby hatte schon alles wieder aufgeräumt, dank einem speziellen, von ihr mitgebrachten Vakuumgerät lagen bereits die

Reste des Silvester-Mahls tiefgekühlt in der Truhe und erinnerten mich bis in die Sommermonate an das verpatzte Fest.

Zweifellos hätte ich die Organisation geschafft und das Fest nach meiner Vorstellung gestaltet. Der Rückfall auf eine frühere Entwicklungsstufe birgt die Gefahr in sich, dass wir in eine totale Unfähigkeit hineingeraten und überhaupt nichts mehr selbst bestimmen.

Es gibt Menschen, die an ein Urlaubsziel fahren, wo sie überhaupt nicht hin wollten, nur weil sich ein anderer dazu bereit erklärt hat, die Reiseplanung zu übernehmen. Es soll sogar Männer und Frauen geben, die den falschen Partner/die falsche Partnerin heiraten, nur weil jemand anderes die Entscheidung für sie übernommen hat. Dahinter steht immer der Wunsch, dass irgendjemand einem etwas abnimmt oder für einen erledigt.

Zudem bietet die Regression auch noch die Möglichkeit, gerade in einer Beziehung, in der wir als besonders weiblich gelten wollen, in Unfähigkeit und Hilflosigkeit zu flüchten. Nichts vermag einen selbstwertschwachen Partner mehr anzufeuern, als einer noch schwächeren Frau mit seiner vermeintlichen Stärke unter die Arme greifen zu können.»Wenn ich hilflos werde, blüht er auf«, erzählte mir eine erfolgreiche Kabarettistin. Sie hatte derart Angst, durch ihre Erfolge den Partner zu verlieren, dass sie sich angewöhnt hat, immer wenn sie von einer Tournee zurückkehrt und er sie auf dem Flughafen abholt, ihr gesamtes Gepäck nicht mehr zu finden. Er kümmert sich dann in einer Großaktion darum, während der sie wie ein kleines hilfloses Mädchen auf einer Bank wartet, am Mantelärmel herumkaut und ihn mit großen dankbaren Augen anstaunt, wenn er erfolgreich mit ihren Koffern zurückkommt.

Wenn wir hilflos, unfähig und inkompetent werden, lohnt es sich, bei uns nachzuschauen, ob wir vielleicht den

Wunsch nach Unterstützung, Anlehnung und Schutz zu wenig ernst nehmen und uns auf anerkanntem Weg das holen, was wir gerne hätten. Indem wir lernen, unsere Wünsche direkt auszusprechen, entgehen wir der Gefahr, in Situationen hineinzusegeln, in denen andere über uns bestimmen und wir nichts mehr selbst in der Hand haben.

Verdrängung – was nicht sein darf, gibt es nicht

Der bekannteste Abwehrmechanismus ist die *Verdrängung*. Wünsche, Bilder, Ideen werden ins Unbewusste verlagert und ihr Vorhandensein künftig vergessen oder verleugnet. Der Begriff der Verdrängung ist wohl der allgemein geläufigste. Aggressive oder sexuelle Impulse werden eingefroren und in der Tiefkühltruhe aufbewahrt. Wer viel Energie aufbringen muss, um in einer großen Tiefkühltruhe die entsprechende Temperatur zu halten, wird oft über mangelnde Energie und Müdigkeit klagen.

Wie Verdrängung funktioniert, können wir unterhaltsam am Bildschirm mitverfolgen. Da ist der Herr XY, der sich im TV-Talk vehement gegen legalisierte Abtreibung richtet. Er selbst, verantwortungsvoller Vater zweier ehebettrechtlich gezeugter Kinder, kann mit diesem Einsatz seine nach aushäusig strebenden Triebenergien bündeln und abwehren. Gerade bei Fernsehdebatten sind diese Brüche zwischen Wollen und Sollen augenfällig, geht doch von solchen Männern sehr häufig auch etwas unterschwellig Schmierig-Lüsternes aus. Diese Aktionen helfen, mit eigenen abgewehrten Triebwünschen besser fertig zu werden. Die Beschäftigung mit diesen Themen bringt bereits eine hohes Maß an Befriedigung. Man ist dabei, ohne dabei zu sein.

Verdrängtes Material kommt gelegentlich im Kostüm einer Fehlleistung an die Oberfläche. Erich Fromm erzählt in einem Vortrag[26] über eine Fehlleistung, die sich in Form eines Versprechers äußerte. Fromm war von einem Kollegen, von dem er wusste, dass er ihn nicht besonders mochte, eingeladen. Bei der Begrüßung reichte er ihm die Hand und sagte: »Auf Wiedersehen.« Damit drückte das Unbewusste aus, was es sich wünschte: Der Gast möge doch bald wieder gehen.

Es lohnt sich auf alle Fälle, vor allem bei Fehlleistungen, die wir uns nicht erklären können, sie zu analysieren, um mehr über sich und die eigenen Gefühle zu erfahren.

Als ich einmal zu einem Vortragstermin fuhr, war ich sehr überrascht, als ich erfuhr, dass die Veranstaltung erst in einer Woche stattfinden sollte. Ich fuhr wieder nach Hause, wunderte mich über meine Fehlplanung, ärgerte mich über den umsonst erbrachten Reiseaufwand von nahezu vier Stunden, war aber doch erleichtert, dass niemand etwas von der Panne erfuhr außer Frederic. Ich korrigierte das Datum sofort in meinem Terminplan auf den kommenden Mittwoch. Am Abend davor klingelte das Telefon. Eine aufgeregte, ärgerliche Stimme wollte wissen, wo um Gottes willen ich denn stecke. Der Saal sei voller Menschen, die auf mich warteten! Ich konnte nichts mehr tun. Das Publikum wurde nach Hause geschickt. Ich fühlte mich elend wie nie zuvor. Was war geschehen? Ich zweifelte an mir, ob ich nun langsam beginne, die Daten durcheinander zu bringen. Und das gleich zweimal! Hätte ich nach dem ersten Patzer in meinen Unterlagen nachgesehen, hätte ich den Fehler sofort entdeckt. So aber verschob ich den Termin einfach um eine volle Woche.

Schlaflose Nächte folgten. Eines Morgens brachte mich Frederic auf eine heiße Spur. Oft werden Vortragstermine ein Jahr im Voraus vereinbart. Frederic aber erinnerte sich. Er saß am Telefon, als die Anfrage eines Frauenvereins kam. Ihm erklärte die Frau unverhohlen am Telefon, dass die anderen Frauen im Vorstand mich als eine »ziemlich blöde

Kuh« taxierten, mich aber dennoch einladen wollten, weil sie davon ausgingen, dass das Haus dann voll sei, und dies würde der Vereinskasse gut tun. Frederic empfahl mir damals, die Einladung nicht anzunehmen und mich nicht auf eine derartige Weise missbrauchen zu lassen. Ich weiß noch, dass ich nur lachte. »Ach, lass doch. Das ist doch nicht so schlimm. Die meinen das ja nicht so.« Offenbar hatte es mich aber doch viel stärker gekränkt. Und das Unbewusste sorgte dafür, dass ich mich nicht einfach über diese Kränkung hinwegsetzen konnte. Es inszenierte ein großartiges Datenverwirrspiel.

Verkehrung ins Gegenteil – Frauen sind selbst schuld

Ein weiterer Abwehrmechanismus, der sich ebenfalls größter Beliebtheit erfreut und oft zur Anwendung kommt, ist *die Verkehrung ins Gegenteil*. Hier werden sozial abgelehnte und verpönte Verhaltensweisen und Triebwünsche durch gegenteiliges Verhalten abgewehrt.

Es braucht schon ziemlich viel Energie, um die sich ständig zur Darstellung bringende Entwertung und Geringschätzung der Frau übersehen zu können. Dennoch ist immer wieder zu vernehmen, dass doch eigentlich die Frauen letztlich die Macht hätten, dabei wird selbstverständlich auf die Verführbarkeit des Mannes angespielt und die ziemlich jämmerliche Rolle der Frau als machtvolles Gebaren interpretiert. Die gesamte Argumentation baut sich ausschließlich auf dem Brunft- und Balzverhalten des Mannes auf, der schließlich Opfer seiner eigenen Triebnatur wird und zum Spielball in den launischen Frauenhänden verkommt.

Ebenso interessant ist es, wenn aus Opfern plötzlich Täterinnen konstruiert werden, wie das immer wieder im Fall einer Vergewaltigung vorkommen kann. Die Frau, das junge Mädchen oder gar das Kind als böse Verführerin anzuklagen, die den Mann unsittlich und übermäßig mit ihren erotischen Reizen um Verstand und Anstand bringt, ist ein klassischer Abwehrmechanismus von Verkehrung ins Gegenteil. Solche Argumentationen sind nun aber nicht nur von Männern zu hören, sondern – was noch erstaunlicher anmutet – auch von Frauen. Ich bin mir sicher, keine Frau auf der Welt legt es auf eine Vergewaltigung an. Aber es gibt soziale Statuspositionen, da hat die Frau überhaupt keine andere Möglichkeit, vom anderen Geschlecht zur Kenntnis genommen zu werden, als durch den Lockruf erotischer Reize. Die Forderungen sind schizophrenisierend. Auf der einen Seite sollte möglichst vermieden werden, dass sich ein Mann durch ein weibliches Wesen sexuell stimuliert fühlt und ein hormoneller Testosteronschub ausgelöst wird. Gleichzeitig aber wird die Frau durch die Medien aufgefordert, sich möglichst Appetit anregend zu präsentieren.

Eine ganz pikante Verkehrung ins Gegenteil versteckt sich hinter dem meist schnippischen Vorwurf: »Frauen sind selbst schuld, wenn sie sich das alles gefallen lassen.« Da ist also zunächst einmal das Eingeständnis, dass Frauen einer Entwertung und Benachteiligung ausgesetzt sind, dann aber folgt der Hammer, denn jetzt findet eine Verkehrung statt. Die Frau ist selbst schuld, wenn ihr Derartiges widerfährt und sie sich nicht dagegen vehement zur Wehr setzt.

Interessant an dieser Argumentation ist die darin verpackte Wut, die sich wohl in erster Linie gegen die Dominanz der Männer richtet, dann aber auf die Frauen umgelenkt wird. Es ist gesellschaftlich sehr viel einfacher, Frauen zu kritisieren, als das Verhalten der Männer einer genauen Begutachtung zu unterziehen.

Obwohl Frauen längst unter Beweis gestellt haben, dass viele über eine hohe soziale Kompetenz verfügen und sowohl in familiären Zwistigkeiten als auch in beruflichen

Auseinandersetzungen vermittelnde Funktionen übernehmen, werden diese Eigenschaften ohne mit der Wimper zu zucken ins Gegenteil verkehrt, indem ihnen vorgeworfen wird, grundsätzlich zänkisch und intrigant zu sein. Dabei sind es in Familien- und Verwandtenzwistigkeiten in der Regel die Frauen, die Frieden stiftend wirken. Auch wenn es selbstverständlich auch zu Uneinigkeiten kommt, so ist es doch eine üble Verallgemeinerung, die nur eines bezwecken soll: das Bild der Frau zu beschädigen. Dazu gehören sämtliche frauenfeindlichen Klischees, die ihnen grundsätzlich einen schlechten, verwerflichen Charakter unterstellen. Oft werden Eigenschaften wie Falschheit, Hinterhältigkeit, Neid und Arroganz als typisch weiblich bezeichnet. Darüber hinaus werden Frauen Kompetenzen abgesprochen, auch dann, wenn sie erstklassige Leistungsnachweise erbracht haben. So gehört es immer noch zum guten Ton, die Intelligenz einer Frau anzuzweifeln, vor allem, wenn sie dazu auch noch attraktiv sein sollte.

Auch wenn es ums Geld geht, können wir die Verkehrung ins Gegenteil von weiblichen und männlichen Fähigkeiten feststellen. In unserer Gesellschaft besitzen Männer das Geld. Zur Erinnernung: Frauen verfügen über ein Prozent des Weltvermögens, obwohl sie nachweislich zwei Drittel der Weltarbeit leisten. Männer verwalten, vermehren – und machen immer wieder mal Pleite. Denn Männer können nicht mit Geld umgehen, es scheint ihnen Mühe zu bereiten, zu rechnen. Die Kommission der amerikanischen Börsenaufsicht hat in einer Untersuchung[27] festgestellt, dass männliche Geldanleger zwölfmal mehr Totalverluste erleiden als Frauen. Die großen Pleitiers Jürgen Schneider, Werner K. Ray, Donald Trump und Bernhard Tapie und viele andere mehr, die in patriarchaler Selbstüberschätzung männliche Unfähigkeit illustrieren, vermögen den Mythos vom kompetenten (Geschäfts-) Mann nicht aufzubrechen.

Wenn Frauen andere Frauen in ihrer Kompetenz anzweifeln, so spielt letztlich sowohl Identifikation mit dem Mann als auch die Verkehrung ins Gegenteil eine Rolle. Wer heute noch ernsthaft an der Kompetenz der Frau, und zwar in sämtlichen Bereichen von Wissenschaft, Politik, Kultur, zweifelt, muss einen gewaltigen Widerstandsapparat in sich mobilisieren, um nicht von den Tatsachen einfach überrannt zu werden.

Frauen, die sich mit dem Entwerter solidarisieren und identifizieren, schlagen sich auf die Angreifer-Seite. Dabei aber geht auch der Glaube und die Zuversicht an die eigene Kompetenz verloren oder leidet zumindest erheblichen Schaden.

Der Abwehrmechanismus der Verkehrung ins Gegenteil verhindert einen klaren und realistischen Blick auf die kompetente, intelligente und starke Frau, während dem Mann seine Schwächen als Stärken umgedeutet werden.

Projektion – den eigenen Unwert auf andere übertragen

Die *Projektion* ist ebenfalls eine interessante Angelegenheit. Eigene Gedanken und Bedürfnisse werden fröhlich auf andere übertragen und ihnen zugeschrieben. Das klingt zwar ziemlich harmlos, in der Praxis allerdings zeigt es sich von einer anderen Seite.

Vor Jahren saß ich in einem Café und bereitete einen Vortrag über Projektionen vor. Direkt am Nebentisch saß eine Frau mittleren Alters. Nachdem sie bestellt hatte, begann sie der jungen Kellnerin zu erzählen, mit welchen Problemen sie sich herumschlug. Sie berichtete mit großer Entrüstung von der Neugier der anderen Mitbewohnerinnen. Wenn sie zum Beispiel das Haus verlasse, würden ihr hinter den Gardinen alle nachschauen und sie beobachten, ob sie eine neue Frisur oder etwas Neues angezogen habe.

Die Kellnerin hörte ihr geduldig, aber kommentarlos zu und holte dann das bestellte Getränk. Kurz darauf kam ein neuer weiblicher Gast in das Café. Da sich die Tür hinter dem Rücken der Frau befand, drehte sie sich blitzschnell um, musterte die neu Angekommene gründlich von Kopf bis Fuß, und als diese sich einen Platz suchte, wäre die Frau beinahe vom Stuhl gefallen, weil sie sich derart verrenken musste, um ihr nachzuschauen und alles an ihr genau zu mustern.

Die Projektion ist wie ein Spiegel. Eigene uneingestandene Wünsche oder Verhaltensweisen, die negativ beurteilt werden, werden auf andere übertragen und dann zum Anlass genommen, sie zu bekämpfen und anzugreifen. Derartige Vorgänge können in Beziehungen sehr belastend werden, wenn etwa der eine Partner seine eigenen Wünsche nach einem Seitensprung verdrängt, ihn dem Partner/der Partnerin unterschiebt und mit Eifersucht und Anschuldigungen aufwartet.

Gerade im sexuellen Bereich spielt die Projektion eine wichtige Rolle. Es gibt viele Menschen, die größte Mühe haben, sich selbst eigene sexuelle Wünsche einzugestehen. Fantasien, von denen sie heimgesucht werden, können oft nicht als etwas Selbstproduziertes anerkannt werden, in dem sie als Regisseur für die eigenen Filme Verantwortung tragen. Alles sexuell Gefärbte wird auf die Außenwelt, auf geeignete Träger projiziert. Menschen, die ihre eigenen Triebwünsche anderen unterstellen, deuten oft völlig harmlose Verhaltensweisen als sexuell motivierten Ausdruck. Da kann eine Person noch so arglos angesprochen werden, schon fühlt sie sich sexuell belästigt. Frederic kam einmal erschüttert nach Hause und erzählte, er habe einer Frau, mit der er zusammen im Lift war, helfen wollen, die schweren Einkaufstüten hinauszutragen. Sie zischte ihn an, ohne ihn anzuschauen: »Lassen Sie das! Sie sind auch so *einer*!« Es ist ihr Film. Sie spult ihn immer wieder neu ab, ohne zu bemerken, dass sie den Film in ihrem Kopf trägt. Die Männer, denen sie begegnet, dienen ihr als Breitleinwand für ihre Fantasie.

Bei Generalisierungen lohnt es sich immer wieder mal innezuhalten und sich zu fragen, ob denn diese Sätze nicht ausschließlich mit unserer ganz persönlichen Wahrnehmung zu tun haben: »Alle Männer wollen ja nur das ›Eine‹,« »Alle Frauen sind Nutten.« Die ganze Gesellschaft hat eigentlich »nichts anderes« im Kopf. Und als Krönung solcher prototypischen Aussagen: »Allen geht es nur um Geld und Sex.« Was so viel heißt wie: *Ich* bin ausschließlich an Geld interessiert und denke unentwegt an Sex.

Auch die Affäre Clinton-Lewinsky in den Vereinigten Staaten eignete sich hervorragend als Auffangbecken sämtlicher uneingestandener Wünsche. Jeder, allen voran der Sonderstaatsanwalt Kenneth Starr, konnte das, was er sich selbst niemals eingestehen würde, auf Bill Clinton übertragen. Mehr noch, es war sogar möglich, ein Amtsenthebungsverfahren in Gang zu setzen. Die Bestrafungsaktion gegen den amerikanischen Präsidenten hatte ebenfalls projektiven Charakter. Somit hat Clinton die Prügel und die Bestrafung stellvertretend für alle Männer einstecken müssen, die ihre eigenen sexuellen Wünsche bezüglich anderer Frauen verdrängen.

Mit uneingestandenen aggressiven Impulsen haben viele Frauen ebenfalls Mühe. Deshalb werden sie erfolgreich auf andere übertragen. Fernsehsendungen und Zeitungsartikel, in denen Gewalt thematisiert wird, erfreuen sich in der Öffentlichkeit besonderer Beliebtheit. Wer in der Zeitung nach den Unglücksfällen und Verbrechen fahndet, befriedigt damit sein inneres Geneigtsein. Es ist eine wohlgelittene Möglichkeit, sich von Gewalttätigkeiten aller Art zu distanzieren und doch dabei zu sein und sich damit zu beschäftigen. Damit können eigene Gewaltimpulse erfolgreich abgewehrt werden, und jedesmal, wenn wir uns darüber beklagen, wie grausam die Welt ist, kann etwas vom eigenen Destruktionsdruck abgelassen werden.

Am deutlichsten aber tritt es dort zu Tage, wo es schwarz auf weiß geschrieben steht. Angriffe von Frauen gegen Frauen könnten dann gehässiger nicht sein. Alice Schwarzer wurde und wird noch immer sowohl von Männern als auch von Frauen heftig angegriffen. Die männlichen Attacken folgen einem typisch männlichen Verhalten, Dominanz zu signalisieren und sich über diese Frau zu stellen, indem sie versuchen, sie lächerlich zu machen, sie nicht ernst zu nehmen, um sie außer Gefecht zu setzen. Das Ausmaß der Abwehr gegen eine Frau wie Alice Schwarzer, die kein Blatt vor den Mund nimmt und mit einer unübertrefflichen Klarsicht Unterdrückungsmechanismen analysiert, unermüdlich anmahnt und die Dinge beim Namen nennt, ist gigantisch.

Bei weiblichen Angreiferinnen können wir ein anderes Muster feststellen. Da geht es nicht um Dominanz, sondern um Entwertung. Da frauenfeindliche Frauen grundsätzlich mit sich selbst im Unfrieden leben und sich unbewusst selbstwertschwach fühlen, projizieren sie den eigenen Unwert auf andere Frauen und entwerten diese mit einer kaum vorstellbaren Leidenschaftlichkeit. Sich mit so viel engagierter Gehässigkeit gegen andere Frauen zu richten, lässt einen abgrundtiefen, auf andere verlagerten Selbsthass vermuten. Geradezu wie in einem psychoanalytischen Lehrbuch über Projektion liest sich deshalb die Biografie über Alice Schwarzer von Bascha Mika[28], mit dem bemerkenswerten Untertitel »eine kritische Biografie«. Der Untertitel soll wohl dem Leser und der Leserin die Optik vorbereitend einstellen, um das Folgende nicht auf den ersten Blick zu durchschauen. In diesem Buch wird ein derart projektiver Kampf gegen Schwarzer geführt, der sämtliche nur möglichen Entwertungsmechanismen bein-

147

haltet, sodass die Biografie über Schwarzer sehr viel mehr über die selbstwertarme Autorin preisgibt.

Wer derart undifferenziert Entwertungen vornimmt, steht unter großem Handlungsbedarf, um dem Druck des eigenen Unwertes zu entkommen.

Eine ebenso eindrückliche Illustration weiblicher Stutenbissigkeit liegt in einem anderen Buch vor: »Wenn Frauen zu sehr schreiben«.[29] Journalistinnen und Autorinnen, denen bis dahin der Erfolg nicht gerade wohlgesinnt war, ziehen gegen Erfolgsautorinnen zu Felde, mit dem ausschließlichen Ziel, sie zu demontieren und ihre Unwertigkeit zu belegen. So viel Projektion eigener unbewusster Anteile ist etwas viel auf einmal, wird aber auch bei psychologisch unverdorbenen Leserinnen dafür sorgen, den wahren Hintergrund, eigene Entwertung durch die Übertragung auf andere zu mildern, zu durchschauen.

Die unerbittliche Verbissenheit, in der Frauen gegen andere Frauen antreten, wird denn auch – wie bereits erwähnt – gerne als Beweis dafür angeführt, dass Frauen grundsätzlich schlechter seien als Männer, da sich solche Gehässigkeiten unter Männern nicht abspielen. Für den Mann gibt es keinen Grund, andere Männer durch Entwertung zu demontieren. Die meisten Männer kennen das Problem mangelnden Selbstwertgefühls nicht. Sie sind dank ihres Geschlechts auf der Siegerseite. Deshalb können sie ruhig in einer Kritik sachlich bleiben und müssen nicht jede Gelegenheit nutzen, den Geschlechtsgenossen seiner Würde zu berauben, um sich selbst ein bisschen besser zu fühlen.

Ein Ausweg aus diesem Dilemma kann nur dadurch erreicht werden, dass Frauen diese Zusammenhänge zu verstehen lernen, um mit sich selbst Frieden zu schließen – was unter Umständen ein langer Prozess ist.

Das Problem der Entwertung von Frauen durch andere Frauen kann auch nicht einfach durch eine grundsätzliche

Solidarität gelöst werden, wie so oft gefordert wird. Sich solidarisch mit einer Gruppe zu fühlen, setzt Gemeinsamkeiten voraus. Und genau das ist es, was es vielen Frauen unmöglich macht, sich auf den gemeinsamen Nenner des Frau-Seins zu beziehen. »Mir gehen die Weiber auf die Nerven, wie soll ich mich solidarisch zu einer Gruppe bekennen können, mit der ich nichts zu tun haben will!«, sagt eine fünfunddreißigjährige Volkswirtin, die sich selbst nicht ausstehen kann.

Mangelnde Solidarität ergibt sich auch dadurch, dass es nur wenige Frauenrollen gibt und viel zu wenige individuelle Abweichungen. Wer Solidarität von Frauen fordert, sollte zuerst Toleranz postulieren, damit sich Frauen endlich in ihrer persönlichen Vielfalt erleben können, ohne sich nach irgendwelchen vorgegebenen Schablonen zu richten. Und wenn jede Einzelne erfährt, dass sie in ihrer individuellen Eigenart respektiert wird, wächst auch die Bereitschaft zur Solidarität. Und damit schließt sich der Kreis: Wer selbst respektvoll mit sich umgeht, seine Wünsche und Bedürfnisse ernst nimmt, wird es auch mit anderen so halten.

Letztlich verstecken sich hinter jeder Forderung, die der Frau vorschreibt, wie sie zu sein hat, frauenfeindliche Aspekte. »Eine Frau gehört ins Haus und zu den Kindern« oder die Meinung, alle *richtigen* Frauen sollten berufstätig sein, sind derart einengende Rollenmodelle, gegen die sich jede Frau wehren sollte.

Sehr viel subtiler stellt sich Frauenfeindlichkeit noch in einer anderen Art und Weise dar. Es bestehen kaum weibliche Seilschaften, in denen Frauen einander durch dick und dünn von einer Karrierestufe zur nächsten behilflich sind. Männerkarrieren funktionieren weitgehend aufgrund gegenseitiger Förderung. Die eine Hand wäscht, die andere trocknet ab, die dritte kassiert in gegenseitigem Fördern und Stützen. Wir kennen die *Vettern*wirtschaft, aber wir kennen keine *Basen*wirtschaft. Sich gegenseitig die Steigbügel zu halten, sich gegenseitig zu fördern, ist leider unter Frauen noch viel zu wenig üblich.

Rationalisierung – die Trauben sind zu sauer

Eine weitere sehr beliebte Strategie, etwas abzuwehren, das an die Nieren gehen könnte, ist die *Rationalisierung*. Menschen, die einen gut funktionierenden Verstand haben und darüber hinaus über ein präzises Bewertungssystem verfügen, wie »man« sein sollte, versuchen mit rationalisierenden Maßnahmen die Realität zurechtzupolieren. Wer nicht bereit ist zu begreifen, dass Frauen diskriminiert werden, bereits die bloße Vorstellung ablehnt, dass es überhaupt so etwas wie Diskriminierung geben könnte, der findet dafür keinen Platz im Hirn. Dahinter steht die Vorstellung: »Die Welt ist gerecht. Die Männer würden so etwas nie zulassen, und auch mein August ist ein grundanständiger Mensch, er liefert mir pünktlich mein Haushaltsgeld ab und knausert auch mit meinem Taschengeld nicht.« Sollten dennoch darüber hinaus Wünsche, die nicht befriedigt oder einfach nicht beachtet werden, vorhanden sein, wird nichts unversucht gelassen, irgendeine einleuchtende Erklärung dafür zu finden.

Der Fuchs, der die Trauben nicht erreicht, weil sie zu hoch hängen, erklärt kurzerhand: »Die Trauben sind mir zu sauer, ich mag sie nicht.« So kann sich der Fuchs aus der Affäre ziehen. Er hat mit einem Schlag verschiedene unangenehme Gefühle vom Tisch, wie etwa das der Unterlegenheit den Vögeln gegenüber, die da einfach zwitschernd auf den Ästen sitzen und die süßen Trauben verspeisen. Ebenso kann das Gefühl, versagt zu haben, abgewehrt werden, und das unangenehme Eingeständnis, zu kapitulieren, kann auf diese Weise umgangen werden.

So verzichten viele Frauen lieber darauf, selbst zu fliegen, mit der Begründung, am Boden sei es doch letztlich sehr viel schöner.

Frauen, denen es an Selbstbewusstsein mangelt, die sich zu wenig oder überhaupt nicht durchsetzen, rationalisieren ihr zaghaftes, ängstliches Verhalten mit der einleuchtenden Begründung, dass jeder Versuch, sich durchzusetzen, ja doch nichts bringe.

Wenn der Boden unter den Füßen wankt

Und noch etwas: Ich beobachte immer wieder in Diskussionen, etwa nach meinen Vorträgen, wie sich Frauen verhalten. So kann ich zum Beispiel häufiger feststellen, dass eine Frau durchaus unterschiedlichen Meinungen zustimmt. Eine frauenfeindliche Interpretation ginge dahin, die Frauen grundsätzlich als wortbrüchig hinzustellen, ihnen typisch weibliche Wetterfahnen-Haltung vorzuwerfen. Wir können dieses Verhalten aber auch als Ausdruck der größten Verunsicherung interpretieren, sich zwischen gegensätzlichen Positionen hin und her gerissen zu fühlen. Es ist ein hin und her Pendeln, eine tiefe Verunsicherung, eine Orientierungslosigkeit, die es sehr schwer macht, die eigene Position zu erkennen. Es ist ein Zustand des Sichverlorenfühlens, suchend zu sein und nicht zu wissen: Was gehört zu mir, zu meinem wahren Selbst und was gehört nicht dazu? Es ist ein Ringen im Unterscheiden zwischen dem Eigenen und dem, was sich als Fremdes über das Ureigene gestülpt hat.

Wissen nun Frauen nicht, was sie eigentlich denken sollen, so sind sie genau in diesen Konflikt hineingeraten. Einerseits ist da, was sie via Gehirnwäsche gelernt haben und was sich so in ihnen eingenistet hat und sich anfühlt, als ob es ihre eigene Überzeugung wäre. Andererseits reagiert das, was sich unter dem Angelernten befindet und das Eigene ist, sofort, wenn es angesprochen wird. Ja, mehr noch, es springt regelrecht als »Aha-Erlebnis« in unseren Erkenntnisbereich, und es gibt dann in dieser einen Sekunde überhaupt keinen Zweifel.

Ich erzähle ja schließlich nichts Neues. Alles, was ich sage, ist schon da. In dem Moment, in dem ich es anspreche, ausspreche, rufe ich lediglich das eigene Wissen bei anderen ab. Das ist übrigens auch das, was ich in den vielen Leserinnenbriefen am meisten zu lesen bekomme. Die Frauen schreiben mir: »Ich denke wie du, aber mir fehlten die passenden Worte. Jetzt, da ich sie gelesen habe, werden sie in mir lebendig.« Aber da ist eben auch noch das andere, das sich über das Eigene gestülpt hat und das sich beinahe so anfühlt, als ob es richtig wäre.

Wir tun also Frauen grundsätzlich unrecht, wenn wir ihnen ihre zwiespältige Haltung vorwerfen. Es ist lediglich Ausdruck dafür, welche intensive und schmerzliche Auseinandersetzung sie zu leisten haben, um ihre innere Zerrissenheit zu überwinden und eine eigene Orientierung in sich zu suchen, um wieder zu sich selbst zurückzufinden. Das Übergestülpte ist oft derart nah beim Eigenen, dass es nicht immer einfach ist, die Spreu vom Weizen zu trennen. Und manchmal benötigen wir viele Jahre, um das wahre Selbst aus den Überlagerungen freizuschaufeln.

Wem nützt der Schwesternstreit?

Solange sich Frauen untereinander bekämpfen und sich gegenseitig in ihrem Bemühen hindern, vorwärts zu kommen, haben sie genug mit sich untereinander zu tun und sind ausreichend beschäftigt. Das kann allen Befürwortern und glühenden VertreterInnen einer patriarchalen Herrschaftsstruktur nur recht und billig sein, wenn wir uns gegenseitig den Wind aus den Segeln nehmen.

Viele Männer spüren intuitiv, dass sie ihre Chefposition nicht mehr lange halten könnten, würden Frauen ernsthaft ins Rennen gehen. Es gibt grundsätzlich zu viele unfähige Männer, die außer der Tatsache, männlichen Geschlechts zu sein, keine weiteren Vorzüge zu bieten haben.

Obwohl wir längst in der Auflösungsphase des Patriarchats angekommen sind und die schwerwiegenden Fehler, die von Männern gemacht wurden, auf dem Tisch liegen, werden Inkompetenz und Misswirtschaft kaum zur Kenntnis genommen. Jedes Unternehmen, das derartig heruntergewirtschaftet wird, würde sich von seinen führenden Vertretern unverzüglich trennen, das heißt, die gesamte Führungsspitze würde wegen Unfähigkeit entlassen. In der Politik ist das anders. Die Unfähigkeit des einen wird mit der Unfähigkeit des anderen überdeckt. Wir drehen uns im Kreis.

Wir verdrängen kollektiv, dass die fünftausend Jahre dauernde patriarchale Gesellschaftsordnung uns an den Abgrund geführt hat. Die Menschheit hat sich dank männlichem Fanatismus beinahe selbst in die Luft gesprengt und sich um ein Haar die Lebensgrundlage auf diesem Planeten ruiniert. Und sämtliche Versuche, aus der Vernichtungsspirale wieder herauszufinden, haben dazu geführt, dass sich die selbstzerstörerischen Kräfte nur noch vermehren.

Wir können es uns nicht mehr leisten, unsere Energie im Schwesternstreit zu verpulvern. Wir können uns also ein zu geringes Selbstbewusstsein nicht mehr leisten, sondern wir müssen uns auf unsere eigentlichen Fähigkeiten und Kompetenzen, auf unseren Selbstwert und unsere Würde zurückbesinnen. Es geht hier nicht darum, nette Freizeitbeschäftigung und etwas Persönlichkeitsentwicklung zu betreiben. Es geht um mehr. Es geht darum, unseren weiblichen Teil der Verantwortung in dieser Welt wahrzunehmen, mit zu entscheiden und über alle Pflichten und sämtliche Rechte in vollem Umfang zu verfügen.

ZURÜCK ZUM ANFANG

Rückbau – so wird's gemacht

Inzwischen ist wohl deutlich geworden, dass mangelndes Selbstbewusstsein nicht etwa angeboren ist, sondern durch die vielfachen Entwertungen erworben wurde, die ein weiblicher Mensch bereits von den ersten Tagen an erlebt. Wir kommen mit allen Möglichkeiten zur Welt, ein natürliches und gutes Selbstbewusstsein zu entwickeln. Ist es uns nicht geglückt, dann müssen wir nicht etwas Neues hinzulernen, sondern lediglich den Weg zurück zu unserem Ursprung wieder finden, um all die Überlagerungen abzutragen. Das Fremde, Übergestülpte loszuwerden heißt, das falsche Haus »rückzubauen«, damit das eigene entstehen kann.

Nun können wir immer wieder feststellen, dass wir durch die Erforschung der Ursachen zwar die Hintergründe besser verstehen lernen, aber dennoch nicht in der Lage sind, die gewonnene Erkenntnis direkt in eine Verhaltensänderung umzusetzen. Manchmal fühlt es sich an, als ob wir eine unbeschreiblich schwerfällige Masse in Bewegung setzen wollten, die nur eines im Sinn hat: Alles bleibt so, wie es ist.

Deshalb lade ich dich ein, dir einige Vorschläge unterbreiten zu lassen, wie du es am besten anstellst, mit dir klar zu kommen. Gelegentlich segeln wir etwas härter am Wind, und meine Worte blasen dir von vorne ins Gesicht, denn ich sprech dich jetzt direkt an. Wenn es dir zu viel wird, klapp das Buch einfach zu und mach einen Spaziergang.

Nach den bisherigen Ausführungen ist dir wahrscheinlich ein Licht aufgegangen: Wenn du unter mangelndem Selbstbewusstsein leidest, dann ist das einerseits dein ganz persönliches Problem, das dir schwer zu schaffen macht, andererseits aber stellt es eine kollektive Problematik dar, mit der sich Frauen in dieser Gesellschaft herumzuschlagen haben. Also höre als erstes auf, dich zu beschuldigen, zu entwerten und dich als besonders dumm oder blöd zu beschimpfen. Du bist es nicht. Im Gegenteil. Du zeigst eine absolut gesunde Reaktion und reagierst mit großer Sensibilität auf krank machende Umstände.

Nun wird es nicht möglich sein, alle sozial bedingten Einflüsse zu verändern, die dazu führten, dass uns unser Selbstbewusstsein abhanden gekommen ist. Trotzdem können wir sehr viel dazu beitragen, dass alte, patriarchale Entwertungsbastionen und Selbstverständlichkeiten langsam ins Wanken geraten und irgendwann – vielleicht unter der Fuchtel unserer bereits sehr viel selbstbewussteren Enkelinnen – vollständig aus den Angeln gehoben werden.

Es fühlt sich aber bereits verdammt gut an, wenn du das Tauwetter allmählich herannahen spürst, die heraufziehende Morgenröte erahnst, selbst wenn du noch schlotternd in der klammen Dunkelheit stehst.

Es bieten sich immer wieder Gelegenheiten, sich davon überzeugen zu lassen, dass es in unseren Reihen rumort und wir die Zusammenhänge zu verstehen beginnen. Und das wird sich wie Benzin auf unseren Motivationsmotor auswirken.

Nach einem Vortrag in einem Altersheim, der vor allem von älteren Frauen besucht wurde, saßen wir hinterher noch in einer Runde zusammen und diskutierten über das Vortragsthema »Weshalb die Zukunft weiblich sein muss«. Ich rechnete damit, mich mit meinen Ansichten voll in die Nesseln zu setzen, irgendwie kümmerte ich mich aber nicht darum. Je älter ich werde, umso häufiger überkommt mich dieses wunderbare Gefühl, niemandem gefallen zu müssen. Das fühlt sich an, als würden mir Flügel wachsen, die sich weit ausbreiten und mich in den Himmel hinauftragen. Diese innere Freiheit öffnet mir Tür und Tor für alle möglichen Gedankengänge, die Frau eigentlich nicht zu denken hat – geschweige darüber zu sprechen. Keine Verbotstafel, keine Ampel, die rot blinkt, mich zum Anhalten auffordert und mich zu windigen Puddingsätzen veranlasst.

In diesem Gespräch nun konnte ich hören, dass meine uneingeschränkte Kritik am Patriarchat gerade von älteren Frauen zustimmend aufgenommen wurde. Sie erzählten, dass sie genau diese Gedanken auch schon gehabt hätten. Vor vierzig Jahren. Vor fünfzig Jahren. Vor sechzig. Still im Kämmerlein. Und dass sie schon damals eine tiefe Ungerechtigkeit darüber empfanden, wie mit Frauen umgegangen wird.

Eine Achtzigjährige erzählte uns ihre Geschichte. Auch wenn sich die Zuhörerinnen nicht in den Fakten wiederfanden, so aber doch in der rechtlosen Position. Mit sechzehn Jahren wurde die Erzählerin von ihrem Arbeitgeber, einem fünfundfünfzigjährigen Bauern, auf dessen Hof sie als Magd arbeitete, regelmäßig sexuell kontaktiert. Da sie große Angst hatte, die Stelle zu verlieren, ließ sie es geschehen. Als sie schwanger wurde und ihr Zustand unübersehbar, jagte er sie, im siebten Monat schwanger, davon. Sie wurde bei einem Onkel aufgenommen, gebar das Kind und wurde hinterher gleich nochmals schwanger. Diesmal vom verheirateten Onkel. Die Schmach war groß. Der Onkel war in der Gemeinde ein wohl geachteter Mann und genoss viel Anerkennung für seine weitherzige Haltung, ein derart verludertes Mädchen bei sich aufgenommen zu haben.

Wir waren alle sehr betroffen. Dieses Mal aber blieb die

Reaktion aus, die sonst bei derartigen Rückblicken üblich ist und mit der ich gerechnet hatte. Keine Einzige der Frauen verwässerte, beschönigte und solidarisierte sich mit den Wegguckern: »Aber heute ist das alles ganz anders.« Eine Fünfundachtzigjährige mit hellen, wachen Augen kommentierte: »Auch wenn heute vieles anders ist, so finden wir diese Muster immer noch. Sie sind verdeckter und springen einem nicht mit dieser Deutlichkeit ins Auge.«

Sie hat Recht. Die Strukturen sind unverändert, nur die Ausdrucksformen sind abgeschwächter und deshalb schwerer zu erkennen. Dies ist die eigentliche Falle, und viele lassen sich blenden und nehmen an, alles sei in bester Ordnung und wir hätten eine egalitäre Gesellschaftsordnung.

Lassen wir uns aber nicht täuschen! Es gibt unübersehbare Merkmale, auf die wir achten sollten. Wir haben dann Gleichberechtigung und Gleichstellung zwischen den Geschlechtern erreicht, wenn in öffentlichen Ämtern und politischen Spitzenfunktionen mindestens so viele unfähige Frauen wie heute Männer anzutreffen sind. Wir haben dann unser Ziel erreicht, wenn die Macht paritätisch auf Männer und Frauen verteilt ist. Das würde im Bildungsbereich bedeuten, dass zur Hälfte Professorinnen an Universitäten lehren! In der Wirtschaft hieße dies, die zurzeit vierprozentige Besetzung in oberster Führungsetage würde von einem kleinen Erdbeben erschüttert und einige Herren würden von ihren Stühlen herunterpurzeln und müssten ihren Sitz für Frauen freigeben, bis eine Direktorin bei Telekom, bei Mercedes und anderen Giganten säße. Tageszeitungen, Wochenmagazine, private und öffentlich-rechtliche Fernsehstationen wären in den Führungsetagen zur Hälfte weiblich besetzt. Wir würden nicht mehr verzweifelt fünfundsechzig Programme durchzappen, uns die Haare raufen und entrüstet rufen: »Das ist ja alles nicht kompatibel mit der menschlichen Intelligenz!« Es ist ja nicht im Ernst anzunehmen, dass sich Frauen dazu hinreißen ließen, Sendungen zu produzieren, deren Dreh- und Angelpunkt die erotische Stimulanz für den Herrn ist! Die Ausrede, quotenabhängige Sendungen machen zu müssen, ist ein Witz. Wer setzt die Quote fest? Männer. Wer entscheidet über Testverfahren? Männer. Wir haben zurzeit ein kaum noch zu überbietendes Verdummungs- angebot. Es ist klar, dass auf diesem Niveau ein unerbittli- cher Kampf um Zuschauerzahlen herrscht und die trivials- ten Rattenfänger-Touren zum Einsatz kommen: wie sich Klein Moritz die Welt der Erotik zusammenträumt.

Die Multi-Gaga-Sex-Sendungen spiegeln den kreati- ven Spannungshorizont nicht nur ihrer Macher und Zu- schauer, sondern gleichermaßen jener, die sich Derartiges ins Programm holen. Es scheint ein heimliches Einver- ständnis im seelischen Schattenbereich gar mancher Män- ner zu existieren, einer unsäglich verquälten Erotik, die sich durch die Quoten seufzt.

Wir sind dann in einem gleichberechtigten Verhältnis von Mann und Frau angekommen, wenn wir für das, was wir leisten, das erhalten, was uns zusteht. Solange Frauen noch zwei Drittel der Weltarbeit leisten und dafür insge- samt lediglich zehn Prozent der männlichen Löhne kas- sieren, ist es beinahe zynisch, von einer gesetzlichen Re- gelung zu sprechen: Gleicher Lohn für gleiche Arbeit. Solange Frauen mit einem einzigen Prozent am Weltei- gentum, an Grund, Boden, Aktien und sonstigem Besitz partizipieren, ist das Wort Gleichberechtigung als reiner Hohn zu verstehen.

Angesichts dieser Tatsachen scheint es vielleicht für einige von uns beinahe hoffnungslos zu sein, trotzdem ein gutes und gesundes Selbstbewusstsein zu gewinnen, das uns selbstbestimmend und selbstbehauptend unsere Rechte einfordern lässt.

Selbstverständlich werfen wir die Flinte nicht ins Korn, sondern schnallen sie um, üben uns im kritischen Wahrnehmen und dann vor allem auch im treffsicheren Formulieren unserer Anliegen. Wir sollten dabei aber eines im Auge behalten und uns immer darüber im Klaren sein: Wir schwimmen immer noch gegen den Strom. Das braucht Kraft. Das braucht Zeit.

Und wir müssen einfach mit einberechnen, uns zwischendurch Erholungsphasen zu gönnen, in denen wir ausruhen können. Wir tun gut daran, zu bedenken, dass es sich besser in Gruppen stromaufwärts schwimmt. Hinderliche Stromschnellen sind oft nur zu überwinden, wenn wir Seilschaften bilden.

Je besser es uns gelingt, eine realistische Einschätzung der zu erwartenden Schwierigkeiten einzuplanen, umso besser werden wir damit umgehen und mögliche Rückschläge nicht gleich als persönliches Versagen verbuchen. Das heißt, dass wir uns sensibilisieren und mit hellwachen Augen und größter Aufmerksamkeit alles aufnehmen und registrieren, um uns weder von dem wohligen Gefühl einlullen zu lassen, dass alles anders und besser als früher sei, noch in eine trostlose Witwen- und Hinterbliebenen-Resignation zu verfallen.

Sich sensibilisieren heißt, die Antennen auf Empfang stellen; heißt, sich darüber bewusst zu werden, dass es letztlich kein bloßer Zeitvertreib ist, sich ein wenig um die eigene Persönlichkeitsentwicklung und um die Rechte der Frauen zu kümmern, sondern eine höchst drängende Aufgabe, die übernommen werden muss. Ich bin davon überzeugt: Würde eine Göttinnen-Konferenz einberufen und wir könnten als winzige Mäuschen dem Verhandlungsgespräch zuhören, erführen wir, dass sie fest mit unserem Einsatz rechnen und auf uns zählen.

Wir arbeiten also auf mehreren Ebenen. Einmal im persönlichen Bereich, in dem es darum geht, die eigene

Würde zurückzugewinnen, den eigenen Selbstwert zu restaurieren, um selbstbewusst über die Gestaltung und Entfaltung unseres Lebens zu bestimmen. Zum anderen geht es darum, in sämtlichen gesellschaftlichen, politischen, wirtschaftlichen und kulturellen Belangen mitzumischen, mitzubestimmen und mitzugestalten. Es ist ein kollektives Anliegen für alle Frauen – für die, die nach uns kommen, ebenso wie für die vielen, die vor uns auf dieser Welt waren und keine Möglichkeit hatten, sich für ihre Rechte einzusetzen. Wir rehabilitieren also auch unsere Mütter und Großmütter im Nachhinein, sorgen dafür, dass ihre Opfer nicht umsonst waren, weil wir uns die Lektionen hinter die Ohren geschrieben haben.

Ich werde nun verschiedene Vorschläge unterbreiten, wie und mit welchen Methoden wir gezielt daran arbeiten können, die eigene Würde und jene anderer Frauen wiederherzustellen.

Vielleicht möchtest du auch den einen oder anderen Vorschlag nach eigenen Ideen und Wünschen verändern. Vielleicht liefern dir meine Überlegungen lediglich Impulse, um etwas ganz Eigenes ins Auge zu fassen, das nur speziell für dich richtig ist. Das ist gut so. Ich verstehe mich als Schrittmacherin, als Impulssetzerin. Nicht mehr – aber auch nicht weniger.

Um mich selbst davor zu schützen, schlappzumachen oder gar das Handtuch zu werfen, habe ich mit mir einen Vertrag abgeschlossen, den ich dir hier vorstellen will. Vielleicht hast du Lust, ebenso eine ganz klare Entscheidung zu treffen, einen Kontrakt mit dir zu schließen, in welchem du dich verpflichtest, dich künftig auf bestimmte Werte zu berufen. Überprüfe, ob es eventuell einzelne Worte oder Sätze gibt, die auch für dich passen oder ob du dir lieber einen eigenen Text zusammenstellen möchtest.

Lass dich also anregen:

Ich will alles daran setzen,
was in meiner Kraft steht,
Weiblichkeit zu schützen.
Ich will Weiblichkeit mit allen mir zur Verfügung
stehenden Möglichkeiten fördern, um ihr zu ihrer
angestammten Macht zu verhelfen.
Ich will mit kritischen Augen sehen,
ich will mit kritischen Ohren hören
und Augen und Ohren in ihrer Wahrnehmung
sensibilisieren und schärfen,
damit ich Entwertungen, die sich gegen andere
Frauen
oder auch gegen mich richten,
sofort erkenne.

Ich will den Mund aufmachen
und Kritik üben
und will das Unrecht öffentlich machen,
ich will solange streiten und kämpfen,
bis ich die Würde der Frau zurückerobert habe.

Sollte ich für mich persönlich einen Sieg errungen
haben,
dann will ich um Beistand bitten, dass mir meine
komfortable Situation
nicht das Hirn vernebelt:
Göttinnen, gebt mir keine Ruhe,
bis alle Frauen, junge und alte,
die, die mir besonders nah sind,
sowie jene, die mir nicht besonders sympathisch sind,
ihre Würde zurückgewonnen haben.

Bereits Buddha sagte 560 v. Chr.: »… vom Denken gehen die Dinge aus, sind denkgeboren, denkgefügt…« Zuerst müssen wir also etwas im Hirn begriffen haben. Manchmal benötigen wir aber sehr viel Zeit, um uns überhaupt einen Zugang zu einem Thema zu verschaffen, müssen zuerst den alten Schrott wegschaffen, der sich darüber angelagert hat. Und manchmal sind wir einfach zu faul, drücken uns vor der Säuberungsarbeit und nehmen lieber in Kauf, dass ein Gedanke nicht von allen Seiten so frei zugänglich ist, damit wir ihn umkreisen können. Wenn wir das Pech haben, dass alle, mit denen wir zu tun haben, unsere Ansichten teilen, wird unsere Sichtweise nie in Frage gestellt noch unser Gedankengebäude aus den Angeln gehoben. Das ist allerdings schade. Gerade wenn unsere Argumentationen wie ein Kartenhaus einstürzen, sind wir genötigt, beim Einsammeln der herumliegenden Gedankenfetzen jeden einzelnen nochmals in die Hand zu nehmen und zu prüfen. Dabei kann es leicht geschehen, dass wir ein Teilchen plötzlich auf der Rückseite zu betrachten beginnen. Und dann erhalten wir neue und sehr wichtige Informationen.

Deshalb sollten wir uns so oft wie möglich mit Menschen unterhalten, die andere Ansichten vertreten. Der Religionsphilosoph Herman Weidelener empfahl in einem seiner Vorträge, sich beim Fehlen eines Meinungs-Gegners selbst die Gegenposition zu schaffen und bei einem Thema abwechselnd den einen und den anderen Pol zu vertreten. Ich nenne das »geistiges Turnprogramm«. Mit Sicherheit wird es verhindern, dass wir mit zunehmendem Alter geistig sklerotisieren und irgendwann nur noch den Namen unseres Lieblingsessens auswendig hersagen können.

Diese Methode hat noch einen sehr nützlichen Nebeneffekt. Wir finden sozusagen nebenbei die Gegenargumente. Das bewirkt, dass wir in Diskussionen über einen Wissensvorsprung verfügen. Denn gerade wenn es darum geht, die Würde der Frau zurückzuerobern, ist es außerordentlich hilfreich, eingefleischten Patriarchen ihre eigenen Argumente im Voraus aufzutischen. Zudem bewahrt es uns wirksam davor, dass wir unserer eigenen eindimensionalen Betrachtung auf den Leim kriechen.

Wir haben es schließlich mit tausend Selbstverständlichkeiten zu tun, die sich durch unkritisches Denken eingenistet haben. Eine Denkspur ist wie ein ausgetretener Pfad, alle Hindernisse sind platt getrampelt, und es lässt sich mühelos darauf gehen. Denkgewohnheiten zeichnen sich im Gehirn wie auf einer Landkarte ein. Du fährst die vorgezeichnete Route von A nach B, so wie es viele vor dir getan haben und viele nach dir tun werden; und alle sehen in etwa die gleichen Landschaftsbilder. Irgendwann fragt sich niemand mehr, weshalb ausgerechnet dort eine Brücke steht, wo es eigentlich nichts mehr zu überbrücken gibt. Ansichten, Meinungen, Bewertungen, Gedankenmuster transportieren sich von einer Generation zur nächsten. Und wenn sie nicht gelegentlich durch ein Waschprogramm geschleust und gesäubert werden, hängen die Gedankenfetzen wie zerrissene Unterhosen über der Wäscheleine. Und es genügt bereits ein leichter Windstoß, dass die Fetzen flattern. Diese leichte Bewegung wird dann gerne als grundsätzliche Weiterentwicklung und Erneuerung missverstanden.

So halten sich denn nicht wenige Männer für fortschrittlich und zeitgemäß, bezeichnen sich selbst als frauenfreundlich, gar für frauenfördernd. Und es kommt immer wieder vor, dass eine besondere erotische Begeisterung für das weibliche Geschlecht als männliche Emanzipation angesehen wird. Ein Manager enthüllte mir während eines Fluges von Zürich nach Hamburg, er sei ein ausgesprochener Feminist. Als ich es etwas genauer wissen wollte und nach Beispielen fragte, erfuhr ich, dass er nicht in der Lage sei, einer Frau zu widerstehen – obwohl er seine angetraute Frau sehr liebe. Er nuschelte an meiner Schulter: »Ich liebe die Frauen. Die schönen noch viel mehr als die weniger schönen.« Na also.

Auch kann sich ein Mann gönnerhaft aufplustern und erzählen, wie sehr er seine Frau, und selbstverständlich ebenfalls seine Sekretärin und gleichermaßen seine Töchter, in all ihren Bemühungen um Gleichberechtigung unterstütze, und allein diese Aussage bereits als Indiz frauenfördernden Verhaltens ansehen. Das hört sich zunächst gut an, und nicht selten sind wir von solchen Aussagen derart entzückt, dass uns die Fähigkeit zu kritischer Überprüfung jäh abhanden kommt und wir die Aussagen nicht weiter hinterfragen. Das ist ein Fehler. Denn bereits wenn wir nach Beispielen fragen, werden wir ernüchtert feststellen müssen, dass es mit der »frauenfördernden Freundlichkeit« nichts auf sich hat.

»Meine Frau wollte unbedingt einen Ausbildungskurs besuchen. Es ist doch ganz klar, dass ich ihr sofort meine Einwilligung gegeben habe. Auch gehöre ich zu den Männern, die Hausarbeiten übernehmen – ist doch klar.« Normalerweise sind Frauen erwachsene Menschen und treffen eine Entscheidung selbst und müssen nicht erst bei einer anderen Person um Einwilligung nachsuchen. Allein die Vorstellung, dass da jemand sitzt und ihr Anliegen überprüft, ist für eine Frau äußerst demütigend. Viele Frauen haben sich aber bereits so an diese versteckten Demütigungen gewöhnt, dass sie sie nicht einmal mehr richtig registrieren.

Ebenso können wir von fortschrittlichen Männern die frohe Botschaft vernehmen, dass sie durchaus nicht abgeneigt sind, gewisse Hausarbeiten und eventuell sogar auch Aufgaben in der Kinderbetreuung zu übernehmen. Was heißt das? Wer etwas übernehmen kann, dem steht es auch frei, eine Aufgabe wieder zurückzugeben. Sich an Kinderbetreuung und Haushalt zu beteiligen bedeutet immer: wenn es der Zeitplan erlaubt und gerade Lust dazu vorhanden ist. Frauen haben gar keine Wahlmöglichkeit. Sie müssen die Verantwortung übernehmen, ob sie wollen oder nicht. Ohne Wenn und Aber. Da es sich hier um ein gut kostümiertes und verkapptes patriarchales Verhalten handelt, ist es für viele nicht einfach, diese schädigende Struktur aufzudecken. In diesem Falle hat der Wolf nur Kreide gefressen, damit seine Stimme etwas höher ist. So fällt es den betreffenden Ehefrauen und Partnerinnen äußerst schwer, die Entwertung aufzudecken und zu durchschauen. Viele Frauen aber weigern sich, genau hinzusehen, und ziehen es vor, das begeisterte Loblied über den Göttergleichen zu singen: »Mein Mann würde mir alles erlauben!«

Wir können uns gedanklich nicht genug damit befassen und uns fragen, ob die Frau tatsächlich voll und ganz an den ihr zustehenden Rechten partizipiert oder ob es eher Almosenempfängerei ist. Die Frage nach den Besitzverhältnissen wie etwa, auf wessen Namen Haus, Auto, Aktien und Wertpapiere registriert sind, bringt rasch Klarheit und zeigt die viel gepriesene Gleichberechtigung schwarz auf weiß. Und meist erübrigt sich dann jedes weitere Argumentieren.

Ebenso kann uns folgende Gedankenbrücke helfen, uns für die Frage der Gleichberechtigung stärker zu sensibilisieren. Wenn ich die Verhältnisse nicht ganz klar abschätzen kann, stelle ich mir grundsätzlich immer die Frage, ob sich ein bestimmter Sachverhalt anders darstellte, wenn ich ein Mann wäre. In der Partnerschaft können wir uns vorstellen, mit vertauschten Rollen als Mann mit einer Frau zusammenzuleben. Würden wir sie um Erlaubnis fragen, eine Weiterbildung zu absolvieren? Zweifellos würden wir unsere Vorhaben miteinander besprechen, aber wir würden mit Sicherheit für unsere Anliegen keine Erlaubnis einholen.

Würden wir mit einer Frau zusammenleben, würden wir Kinderbetreuung und Hausarbeit einfach aufteilen. Und keine käme auf die seltsame Idee, »auch mal etwas übernehmen« zu wollen.

Frauen sind besitzlos. Frauen sind »raum- und heimatlos«.[30] Es genügt nicht, die Formel »zwei Drittel − zehn Prozent − ein Prozent« auswendig zu lernen und in einmaliger Erschütterung zur Kenntnis genommen zu haben. Die Tatsache, dass Frauen, obwohl sie zwei Drittel der Weltarbeit leisten, nur ein einziges Prozent des gesamten Welteigentums besitzen, müssen wir uns täglich vor Augen halten. Damit die Bilder hängen bleiben und nie mehr verblassen und in Vergessenheit geraten. Wir sollten uns deshalb immer wieder die Frage stellen: Wem gehört das Gebäude, in dem ich mich aufhalte? Wem gehört das Verkehrsmittel, mit dem ich gerade unterwegs bin? Du wirst vielleicht denken: Na ja, was soll das. Da ist ein Einkaufszentrum. Eine Fluggesellschaft. Ein Auto auf der Autobahn. Ein öffentliches Gebäude wie ein Kirchgemeindehaus, eine Postfiliale.

Ich garantiere dir, wenn du den Fragen konsequent nachgehst, dann landest du immer und sehr schnell bei einem männlichen Besitzer und nur in ganz seltenen Fällen bei einer Frau. Verfolge die Linie Einkaufszentrum XY−Aktiengesellschaft−Aktionäre−Männer, vielleicht partizipiert eine Frau mit einem Prozent am Gesamtaktienpaket.

Auch wenn es irgendwann zu Verkehrsstörungen kommt, frage dich ebenfalls, wer diese Störung verursacht! In der Regel − bis auf wenige Ausnahmen wie Ferienbeginn − stehen männliche Interessen dahinter. Bei Sportveranstaltungen wie Fußball, Eishockey, Motocross, Autorennen sind eben die Straßen verstopft und wir harren in der Warteschlange lammfromm aus, versuchen uns einigermaßen bei Laune zu halten, statt dass wir unser Hirn in Betrieb setzen und uns fragen, wer dieses Desaster verursacht. Wenn Männer ihren Interessen nachgehen, werden wir nicht nur räumlich und zeitlich aufs Ärgste beschnitten, sondern gleichzeitig immer auch zur Kasse gebeten. Die gesamten Sportveranstaltungen werden vom Steuerzahler und von der Steuerzahlerin mitgetragen.

Als ich kürzlich mit dem Auto von Wien nach Salzburg gefahren wurde, steckten wir plötzlich in einem Stau. Nachdem wir ungefähr eine Stunde gewartet hatten, erfuhren wir die Ursache: eine Luxusyacht. Sie wurde auf dem Landweg von einem Wasser aufs andere transportiert. Ich fragte den Fahrer: »Wem gehört die Yacht?« Dreimal darfst du raten ... Ich erfuhr, während des Sommers werde dies alle vier bis fünf Wochen wiederholt, also hin und zurück, hin und zurück. So habe ich eine Stunde meines Lebens Herrn X geschenkt und ebenso viele andere Menschen, die auf dieser Strecke unterwegs waren, und nach mir werden es wieder viele ahnungslose Reisende mit diesem Verkehrshindernis zu tun bekommen. Herr X aber wird dieses Zeitgeschenk als Selbstverständlichkeit hinnehmen, wird sich seine Yacht noch einige Male hin und her fahren lassen und die Zeit anderer verschwenden.

Wenn du dir mal die Mühe machst, ein Fernsehprogramm zu studieren, dann wirst du einen äußerst hohen Prozentsatz an Sendungen entdecken, die das Interesse der Frauen kaum tangieren, selbst dann, wenn du auf den Trick hereinfällst, die Live-Übertragung einer Misswahl als typisch weiblich einzuordnen. Du bezahlst den Boxkampf in jedem Fall mit. Aufgrund der Fernsehgebühren hätten wir Anrecht auf mindestens fünfzig Prozent Sendungen, die weiblichen Anliegen und Interessen entgegenkommen.

Und falls du nun denkst: »Ja, aber die privaten Sender

werden von der Werbung finanziert«, dann frage ich dich, an wen sich die Werbung richtet. Zum größten Teil an die Frauen. Denn sie kaufen die tausend Dinge, die es für den Alltag braucht. Du zahlst mit jeder Zahnpasta auch noch den Boxkampf. Mit jedem Fertig-Nudelgericht den Westernfilm und mit jeder Always-Binde das Gaga-Ratespiel mit dem oberschmalzdackligen Moderator, dem eine sexuell stimulierende Assistentin die neonfarbenen Bällchen zuwirft. In den meisten Familien residiert der Fernseher mitten im Zentrum des Wohnbereiches, dem Wohnzimmer. Und da sich viele Frauen nicht in ein eigenes Zimmer zurückziehen können, weil sie keines besitzen, sind sie den Programmen ausgesetzt, die nur ein einziges Familienmitglied interessiert. Frauen versuchen sich in solchen Situationen über Wasser zu halten, indem sie stricken, häkeln oder sonst einer Handarbeit nachgehen. Wenn Frauen ihre ganze Familie mit Gehäkeltem ausrüsten, ist dies ein Zeichen, dass sie sich durch das Handarbeiten einen Ort sichern, in dem sie selbstbestimmend ihrer Kreativität Ausdruck verleihen können, ohne dabei andere zu stören. Für viele die einzige Möglichkeit, dem Getto der Fernseh-Dauerberieselung zu entkommen.

Wir haben uns längst an diese Missstände gewöhnt, und deshalb ist es so wichtig, zunächst einfach die Muster zu erkennen und mit anderen darüber zu sprechen. Damit wir uns recht verstehen: Ich meine nicht, dass wir unentwegt allen Menschen, mit denen wir zu tun haben, unsere Beobachtungen um die Ohren schlagen sollten. Die Phase des giftigen Vorwurfs lassen wir lieber hinter uns. Er führt entweder in die Wüste, wo sich alle genervt von uns abwenden und uns niemand mehr zuhören will, oder auf direktem Weg zu Erklärungen, die weibliches Verhalten als krankhaft stigmatisieren.

Ich möchte dich lediglich für all diese Vorgänge sensibilisieren und dich dazu anregen, deine eigenen alten Ge-

dankenmuster zu hinterfragen, um möglichst klar zu analysieren, Hinderndes aufzugeben und neue Wege einzu-
schlagen.

Dies wird dazu führen, dass wir uns immer an unserem
Ausgangspunkt orientieren. An dem Ort, wo wir noch im
Vollbesitz unserer Menschenwürde waren, als Frauen in
ihrer ganzen Kraft und ihrer schöpferischen Entfaltungs-
energie gewürdigt und hoch geachtet waren. Wir müssen
zu den Ursprüngen zurück. Und manchmal denke ich, dass
wir noch eine Urahnung in unseren Zellen tragen. Wenn
ich beispielsweise Frauen begegne, die trotz ihrer gesellschaftlichen Entwertung, die ihnen widerfuhr, in sich eine
innere Würde zu erhalten vermochten, die sogar gelegentlich nach außen strahlt.

KEIN ANSCHLUSS
UNTER DIESER NUMMER

Schluss mit der Selbstentwertung

Sicher ist bei dir der Groschen längst gefallen: Wer ein größeres Selbstbewusstsein erlangen will, muss aufhören, sich selbst zu entwerten. Und zwar sofort! Und das heißt, unverzüglich sämtliche Maßnahmen einzustellen, mit denen du bis jetzt gegen deine Unwertsgefühle gekämpft hast.

Also höre mit sämtlichen Spielchen auf, dass andere dich besonders schön, besonders anziehend oder sonst außergewöhnlich finden sollten. Du wirst das Ziel nie erreichen, an oberster Spitze zu stehen und endlich die Liebe und Anerkennung zu erhalten, die du dir wünschst. Vielleicht gelingt es dir in einem Anflug von Größenwahn, dich als die Schönste und Attraktivste zu fühlen, aber bereits nach dreißig Sekunden ist der Traum ausgeträumt, und du fühlst dich wieder wie der letzte Dreckhaufen. Also lass das. Du bist zwar einzigartig, aber nicht was dein Äußeres, sondern vielmehr was deine Seele betrifft.

Du wirst dein Selbstbewusstsein niemals restaurieren können, indem du dir eine neue Haarfarbe zulegst, zur Kosmetikerin gehst und vier Kilo herunterhungerst. Mag sein, dass du dich kurzfristig besser fühlst, aber wahrscheinlich hast du diese Erfahrung schon x-mal durchgespielt und du weißt, dass das gute Gefühl, selbstbewusst zu sein, nur von kurzer Dauer ist. Wenn dein Liebhaber die neue Haarfarbe nicht zur Kenntnis nimmt und gleich zur einzig interessanten Sache kommen will, nämlich, sich seines hormonellen Überdrucks schnellstmöglichst zu entledigen, dann wirst du dich so einsam in deinem Herzen fühlen wie ein aus dem Rudel ausgestoßenes Tier in der Steppe. Wahrscheinlich kennst du die endlose Traurigkeit, Sex zu haben, einen keuchenden Atem über dir zu spüren und darunter zu vereinsamen. Du wolltest ihm eine Freude machen. Hast deine Haare in endloser Prozedur aufhellen lassen. Und es interessiert ihn nicht!

Die Schönheit ist eine Falle. Der Schönheit hinterherzulaufen, macht uns von vornherein zur Verliererin, und wenn wir über vierzig sind, bleiben wir so oder so auf der Strecke – auch wenn uns freundliche Menschen auf neununddreißig schätzen. Wenn du der Schönheit nachrennst, ziehst du deine ganze Energie aus dem Gehirn in kosmetische Fragestellungen und schwächst dich dadurch selbst. Vielleicht hoffst du, dass eines Tages der große Modeschöpfer, der große Regisseur oder sonst irgendein Mann deine Schönheit entdeckt und hingerissen von dir sein wird und dich unverzüglich engagiert oder heiratet. Und du gehst zu jeder Veranstaltung mit der schicksalsfordernden Haltung, dass das Wunder geschieht. Auch wenn du immer wieder erlebst, dass nichts dergleichen geschieht, gibst du die Hoffnung nicht auf, willst noch schöner und schlanker werden.

Vielleicht werden wir sogar einmal in eine Fernseh-Talksendung eingeladen, um aus unserem Leben als allein erziehende Mutter, als vom Vater sexuell Missbrauchte, als Adoptierte, als Brustkrebserkrankte auszupacken oder über unsere Nachbarin, die fette Schlampe, endlich öffentlich herzuziehen. Viele schlaflose Nächte vorher fragen wir uns: Was soll ich anziehen? Wie soll ich die Haare tragen? Mit welchem Tand und Geschmeide soll ich mich schmücken? Und diese Fragen werden uns derart beschäftigen, dass das Thema beinahe abhanden kommt. Wir können an nichts anderes mehr denken als an den Tag X und sind nur noch von dem einen Gedanken an unseren Auftritt besessen. Beim Versuch, in der Sendung möglichst gut anzukommen, drapieren wir uns möglichst nett und vorteilhaft und erleiden im Hirn einen Stromausfall. Wir reden plötzlich über das, was wir nicht sagen wollten. Niemand wird uns hinterher großartig finden. Und wir uns selbst auch nicht. Trotzdem kann es sein, dass wir hinterher euphorisiert sind. Aber dann gehen wir mit einem flauen Gefühl im Magen nach Hause und fühlen uns wieder einmal elend. Wie gehabt.

Du wirst es erleben: Du kannst noch so schön sein, du wirst das Gefühl, nicht schön genug zu sein, doch niemals los. Das ist kein äußeres, sondern ein inneres Problem. Wir stehen vor übervollen Kleiderschränken und haben nichts Passendes zum Anziehen. Denn das Gefühl, nicht schön genug zu sein, sitzt wie ein Virus in unseren Zellen. Die wunderschöne und von vielen Frauen beneidete Schauspielerin Julia Roberts erzählte in einem Interview in der Illustrierten »InStyle«, dass sie jedesmal vor einem Treffen mit ihrem Freund verzweifelte Minuten vor dem Kleiderschrank verbringe. »Ich ziehe mich mindestens drei- bis viermal um. Aber plötzlich sieht der Pulli blöd aus. Der Rock sitzt nicht richtig. Die Schuhe passen nicht. Ich bin jedes Mal ein Nervenwrack.« Du siehst, du bist mit deinem Problem in bester Gesellschaft.

Du kannst dich auf noch so tolle Idealmaße herunterhungern, du wirst dich nie schlank genug fühlen. Und es kann sein, dass nicht einmal dein Partner deine neu errungene Schlankheit bemerkt. Also höre auf, dich ständig vor dem Spiegel in diese unbeschreiblich lächerliche Pose einer Balletttänzerin zu werfen – wer kennt sie nicht! –, das eine Bein mit extrem ausgedrehtem Fuß vor das andere gestellt, mit weit vorgeschobenen Hüften, auf deren Knochen deine Hände wie alberne Touristen im Autobus hocken und der Aussicht frönen.

Schau dir zu selbsttherapeutischen Zwecken einige Modeschauen im Fernsehen an und versuche dann, die Models nachzuahmen. Mache ebenso ein Gesicht, als wärst du gar nicht anwesend, als wäre das Leben die langweiligste Sache der Welt, schau mit diesem leeren Hohl-Blick durch deine sieben Wände hindurch. Dann versuche, wie die Models zu gehen, du drehst die Fußspitzen leicht nach innen und steigst auf Wadenhöhe mit einem Bein im Kreuzstichgang über das andere. Stakse ein paar Mal um den Wohnzimmertisch, und du kannst unverzüglich feststellen, wie sich deine gesamte Intelligenz entsetzt davonschleicht. Entwertung pur!

Wenn du trotz wichtiger Erkenntnisse in alte Verhaltensweisen hineinschlingerst, dann gib Acht, nicht gleich in die nächste Selbst-Entwertungsspirale hineinzugeraten: sich die eigene Dummheit auch noch vorzuwerfen. Es ist nicht möglich, sich zehn, zwanzig, dreißig oder noch mehr Jahre in einem bestimmten Verhaltensmuster zu bewegen und dann das gesamte Programm in drei Minuten umzuschreiben. Sei also nachsichtig mit dir selbst. Verlange keine übermenschlichen Leistungen, sondern geh mit dir so um wie mit der besten Freundin. Sag dir einfach: »Na und? Wär ja auch gelacht, wenn's gleich auf Anhieb klappte.«

Selbstbewusstsein wird durch das Gefühl, selbst wert zu sein, aufgebaut. Und weil Selbstwertgefühl nicht auf der Straße liegt, sondern das gesamte soziale Umfeld unentwegt die Entwertung der Frau als Credo anstimmt, ist es mit einer effektiven Arbeit zu vergleichen, die systematisch geleistet werden muss.

Als Kind lernen wir über den Umgang mit den ersten Bezugspersonen unseren Wert kennen. Später über die Gesellschaft. Wie wir gespiegelt werden, fühlen wir uns. Das heißt, dass wir unsere Beziehungen unter die Lupe nehmen und dahin gehend untersuchen, ob wir das Gefühl vermittelt bekommen, wertschätzend behandelt zu werden. In der Regel fühlen wir uns in der ersten Zeit des Verliebtseins über alle Maßen wertgeschätzt. Und das ist schließlich auch der Druckknopf, der Liebesgefühle auslöst. Sich wertgeschätzt fühlen ist identisch mit dem Gefühl: Ich werde geliebt. Bei den meisten Paaren schwindet die gegenseitige Wertschätzung im Lauf des Zusammenlebens. Wenn wir der besten Freundin gestehen: »Ich weiß nicht, ob er mich überhaupt noch liebt«, sind wir bereits durch einige Gebiete der Entwertung geschritten. Und wenn dazwischen keine Momente erlebt wurden, in denen wir das Gefühl hatten, wertgeschätzt zu werden, dann sind wir irgendwann derart ausgetrocknet vom Mangel an Anerkennung, dass wir beim nächsten wertschätzenden oder auch begehrlichen Blick wieder anspringen wie ein Auto, bei dem der Anlasser getätigt wird.

Vielleicht hast du eine Freundin und bereits festgestellt, dass sie dir genau das gibt, um dich vor dem großen Absturz zu bewahren. Was ist dieses Geheimnisvolle, das vor allem in Frauenfreundschaften geschieht? Die beste Freundin[31] ist immer die, die dich wertschätzt – auch wenn du Mist gebaut hast. Sie bleibt dir immer wohlgesinnt und ist wie eine Anwältin, die sich für dein Wohlergehen einsetzt. Sie ermahnt dich, endlich mal ein paar Tage Urlaub zu machen. Sie spricht dir gut zu, wenn du verzagt bist. Was geschieht denn, wenn du jeden Tag nur fünf Minuten die Stimme der Freundin am Telefon hörst – und schon geht es dir wieder besser? Du bekommst von ihr Verständnis für das, was dich bedrückt. Sie interessiert sich für dich, hört dir zu, will dein Bestes. Kurz, sie liebt dich – weil sie dir aus tiefstem Herzen Wertschätzung entgegenbringt.

Diese Wertschätzung wird uns den wertschätzenden Umgang mit uns selbst lehren. Sie zeigt uns, wie es gemacht wird, wie wir wertschätzend mit uns selbst umgehen, wie wir uns mehr Fürsorge angedeihen lassen und grundsätzlich mehr um unser Wohl besorgt sein sollten.

Und wenn du keine Freundin hast, dann wird es höchste Zeit, dir eine zu suchen. Es ist absolut möglich, ohne partnerschaftliche Liebesbeziehung durchs Leben zu gehen. Das machen uns viele Menschen vor, die einen freiwillig, die anderen unfreiwillig. Und viele führen dennoch – oder gerade deshalb? – ein höchst erfülltes Leben. Aber ohne von Freunden auf dem Lebensweg begleitet zu werden, halte ich für außerordentlich schwierig, wenn nicht gar für unmöglich. Freunde und Freundinnen sind Lebensbegleiter, und oft kennen wir sie länger, als unsere Partnerbeziehung dauert.

Vom Gelingen einer Partnerschaft abhängig zu sein, um sich nicht allein zu fühlen, ist eine äußerst riskante Angelegenheit. Ein Partner kann einem schnell abhanden kommen, es muss keine schwere tödliche Krankheit ausbrechen, die sein Lebenslicht ausbläst, es muss kein katastrophaler Unfall sein, der den Geliebten jäh dahinrafft. Es genügt, dass eine Frau vorübergeht. Und ihn mehr anzieht. So ist das Leben.

Bald jede zweite Ehe wird geschieden. Es wäre schade, wenn wir unsere Lebensfreude allein auf die Partnerschaft ausrichteten. Auch wenn wir uns noch so viel Mühe geben, einen Vortrag nach dem anderen über Beziehungsfallen besuchen und auch in Kommunikation und Problemlösung immer perfekter werden, liegt eben vieles nicht in unserer Hand. Wir können noch so gut und vorsichtig Auto fahren, und dennoch kann es uns erwischen, und wir sind plötzlich in einen Crash verwickelt. Wenn wir sicher wüssten, dass jedes zweite Auto zusammenkrachte, würden wir uns wahrscheinlich nicht sehr sicher darin fühlen. In der Partnerschaft aber gehen wir einfach davon aus, dass wir zu den wenigen Auserwählten gehören, die gut über die Runden kommen, und setzen alles auf diese eine Karte.

Es kann sein, dass du keine Freundin hast, weil du Frauen grundsätzlich nicht vertraust und nicht die beste Meinung von ihnen hast. Dann möchte ich dich nochmals daran erinnern: Wer andere Frauen nicht mag, lebt auch mit sich in Unfrieden, und das ist eine ernst zu nehmende Katastrophe. Deshalb rate ich dir dringendst, dich mit dem Thema Schwesternstreit auseinander zu setzen. Damit wir uns recht verstehen: Ich will dir eine Frauenfreundschaft nicht aufschwatzen, aber ich möchte dich dazu ermuntern, mit dir selbst als Frau ins Reine zu kommen und Frieden zu schließen. Damit du offen auf andere Menschen zugehen kannst – auch auf Frauen.

Energiekiller rausschmeißen

Grundsätzlich sollten wir die Menschen, mit denen wir Umgang pflegen, den eigenen Partner, unsere Kinder, die erweiterte Familie, unseren Freundes- und Bekanntenkreis, einem »Batterietest« unterziehen. Es gibt Personen, bei denen genügt bereits der Gedanke an sie, und schon fühlen wir uns schlecht. In der Regel handelt es sich um Menschen, die uns keine Wertschätzung entgegenbringen, sondern durch die wir uns entwertet fühlen. Das heißt natürlich nicht immer, dass sie dies auch tatsächlich tun, aber wir erleben es so. Meist werden wir durch sie an frühere Bezugspersonen erinnert, mit denen wir entsprechende Erfahrungen machten. In diesem Fall handelt es sich um eine klassische Übertragungssituation. Wir übertragen also negative Erfahrungen auf eine aktuelle Situation und sind nicht mehr in der Lage, die Gegenwart ungefiltert von der Vergangenheit auf uns einwirken zu lassen.

Manchmal aber trifft es durchaus zu, dass uns jemand tatsächlich entwertet. Entwertung ist der größte Energiekiller. Er bewirkt das Gegenteil von Wertschätzung und

Anerkennung. Während wir unter Worten des Lobes und der Anerkennung aufblühen, welkt die Lebensfreude bei Entwertung dahin. Die Lebensfreudebatterie wird augenblicklich entleert, es entsteht ein Gefühl des Unwerts, des Nichtgenügens, wir fühlen uns dumm, ungeschickt, unfähig und grundsätzlich fehl am Platz.

Es lohnt sich tatsächlich, sich die Energiekiller etwas genauer anzuschauen. Sie haben nämlich unübersehbare Gemeinsamkeiten. In einer leichten Form zeichnen sie sich dadurch aus, dass sie immer alles besser wissen, nicht zuhören können und eigentlich an uns nicht besonders interessiert sind. Allein diese drei Eigenschaften genügen, um unsere Energie zu schröpfen. Es sind Ausdrucksformen, die keinerlei Wertbezeugung beinhalten.

Eine Fortsetzung und Verschlimmerung des Energiekillens finden wir darin, dem Gegenüber keine Fähigkeiten zuzutrauen, negative Ereignisse vorauszusagen und grundsätzlich für die Zukunftsperspektiven schwarz zu sehen. Beispielsweise wenn eine Frau freudig erzählt, eine Ausbildung machen zu wollen, und vom Partner, von Freunden und Bekannten werden ernsthafte Zweifel angemeldet, ob sie den Anforderungen wohl gewachsen ist. Die Krönung der Energiekiller sind die gefürchteten Frontalangriffe auf das Selbstwertgefühl. Sie manifestieren sich in vertrauten Entwertungen, Demütigungen durch Zynismus sowie Bloßstellen durch Lächerlichmachen.

Eine genaue Untersuchung unseres sozialen Umfelds und unserer Beziehungen verschafft uns Klarheit darüber, weshalb es uns nach dem Treffen mit einer bestimmten Person stets so schlecht geht. Weshalb unsere Energie im Keller ist und weshalb wir uns immer vor der Begegnung mit diesen Menschen am liebsten drücken würden. Beispielsweise gibt es viele, die Verwandtentreffen hassen wie die Pest. Das ist verständlich, finden oft gerade bei solchen Treffen – die ja ausschließlich aufgrund familiärer

Bindungen zustande gekommen sind – keine Gespräche statt, in denen wirkliches Interesse am anderen zum Ausdruck kommt.

Am leichtesten wird es uns gelingen, die ärgsten Fälle massiver Entwertung aufzudecken. Sie sind eindeutig. Und hier sollten wir uns unverzüglich daranmachen, uns diese Entwertungen nicht mehr gefallen zu lassen. Frag dich: Gibt es zwingende Gründe, dich wieder mit den Energiekillern zu treffen? Auch Familienangehörige sind zu überprüfen. Weshalb solltest du dir immer wieder eine Begegnung mit einer Schwägerin, einem Bruder, Schwiegermutter oder -vater oder gar den eigenen Eltern zumuten, wenn dir dabei die Energie abgezapft wird? Du bist ja längst in einem Alter, wo du dir deine eigene Wahlfamilie zusammenstellen solltest. Deine Eltern haben dafür gesorgt, dass du heranwachsen konntest. Erwarte keine weiteren Dienste, kein besonderes Lob für Wohlverhalten, keinen Applaus für besondere oder gar herausragende Leistungen aller Art. Wenn sie dir bis jetzt keine Anerkennung gezollt haben, ist die Chance groß, dass sie sie dir auch zukünftig nicht geben werden. Den Ursachen dafür nachzujagen bringt nichts. Aus welchem Grund auch immer: Die Eltern können oder wollen nicht. Also lass sie in Ruhe. Suche dir Freunde, die das mütterliche und das väterliche Element in sich tragen, die sowohl schwesterliche als auch brüderliche Qualitäten haben.

Schwieriger wird es bei jenen, die sowohl die Energie killen, aber sie ebenso aufzuladen vermögen. Die Entwertung findet also nur punktuell in ganz bestimmten Situationen statt und ist nicht durchgehend. Und vielleicht erleben wir zwischendurch auch wohltuende Energieschübe, fühlen uns wertgeschätzt und geachtet, und es tut einfach verdammt gut. Würden wir derartige Beziehungen abbrechen, würden wir den Ast absägen, auf dem wir sitzen. Also heißt das, dass wir nicht gleich die Flinte ins Korn werfen, sondern die Entwertungen unter die Lupe nehmen und genau hinsehen.

Und hinterher sollten wir mit den Menschen, die es betrifft, darüber sprechen. Nein, natürlich nicht in Form einer Anschuldigung! Sondern beschreibend, wie wir ihr Verhalten erleben, was es in uns auslöst. Mit größter Wahrscheinlichkeit hat der Partner auch noch etwas Interessantes zu sagen, das sein Erleben darstellt. Es geht in solchen Gesprächen nie darum, herauszufinden, wer denn nun eigentlich Recht hat, sondern einfach darum, dem anderen mitzuteilen, wie wir bestimmte Situationen erleben.[32]

Es gibt Frauen, die es vorziehen, in einer Beziehung auszuharren, in der sie täglich von neuem Entwertung erfahren. Der Blick des Partners ist längst trüb geworden, nimmt sie schon lange nicht mehr wahr. Die Wochenenden sind endlos. Er starrt in den Fernseher. Sie kocht Schweinshaxen. Sie haben sich längst »voreinander herabgeliebt«. Wundere dich nicht, wenn dir in einem solchen Klima dein Selbstwertgefühl unter null sinkt. Die Hoffnung, dass irgendwann einmal ein Wunder geschieht und sich alles wie von selbst erledigt, solltest du begraben. Es wird sich nichts verändern, wenn du es nicht selbst in die Hand nimmst. Und manchmal müssen wir einfach einen klaren Schlussstrich unter die Beziehung ziehen, die Koffer packen und gehen, um wieder frei durchatmen zu können.

Jene Menschen aber, von denen du dich energetisch aufgeladen fühlst, solltest du dir besonders merken. Und sie so oft wie möglich treffen! Wahrscheinlich löst du bei ihnen die gleiche Wirkung aus. Bei Unsicherheit nachfragen!

Wenn du dich stets mit Menschen umgibst, von denen du dich wertgeschätzt fühlst, die dir einfach in der Art, wie sie mit dir umgehen, vermitteln: »Du bist in Ordnung«, »Schön, dass es dich gibt«, dann wirst du mit der Zeit ein untrügliches Gefühl dafür entwickeln, was dir gut tut. Und du wirst ein neues Selbstwerterleben spüren, ein Einverstandensein mit dir – und mit der Schöpfung. Und vielleicht bedankst du dich auch mal bei der Schöpfungsintelligenz für alle Gaben, die du erhalten hast. Es ist sehr viel sinnvoller, sich für die Wohlgestalt und die Unversehrtheit des Körpers zu bedanken, als ständig zu hadern, daran herumzukorrigieren und unzufrieden zu sein.

Kostümwechsel – Büßerhemd ausziehen und den Gaul satteln

Eine weitere Maßnahme, mehr Selbstwert zu entwickeln, ist der Ausstieg aus der Opferrolle und selbst handelnd zu werden. Zieh das Arme-Büßer-Hemd aus und besinne dich auf deine Fähigkeiten, deine Intelligenz und deine Kraft. Als Opfer bist du stets davon abhängig, dass es andere gut mit dir meinen, dir wohlgesinnt sind und nur das Beste für dich wollen. Interessant ist, dass ausgerechnet jene Frauen, die ohnehin äußerst misstrauisch gegenüber anderen sind, die Zügel bereitwillig aus der Hand geben und andere über sich bestimmen lassen. Obwohl sie nicht viel von der Integrität und Ehrlichkeit anderer halten, liefern sie sich aus. Obwohl sie bereits zu wissen glauben, dass nichts Gutes dabei herauskommt, sind sie zutiefst enttäuscht, wenn sich ihre Erwartung erfüllt.

Die Opferrolle ist die unkomfortabelste. Sie macht uns handlungsunfähig und abhängig. Zudem ist es eine ziemlich einsame Angelegenheit, denn wie leicht gehen wir anderen auf die Nerven mit dem ewigen Jammern und Klagen. Also steig möglichst schnell aus dieser Rolle aus. Sie bringt nichts.

Ich weiß, was ich von dir fordere, ist nicht leicht. Wer sich einmal an die Opferrolle gewöhnt hat, wird den leicht vorwurfsvollen Blick an den ganzen Rest der Menschheit nicht so schnell los. Auch die Stimme will sich nicht so schnell von ihrem larmoyanten Tonfall verabschieden.

Und auch die passenden Worte müssen zuerst in unserer Wortkiste zusammengesucht werden, wo sie sich in die hinterste Ecke verkrochen haben. Es sind jene knochenharten Ich-will-Worte, jene unverschnörkelten Nein-Sätze, jene glasklaren, richtungweisenden Kutscher-Flüche. Wenn wir die Zügel straffer ziehen wollen, damit sich die Pferde nicht vor jedem Hindernis hinlegen, sind Anfeuerungsworte äußerst wirksam. Zudem sind sie wie eine motivierende Energiespritze, um das Leben selbst in die Hand zu nehmen.

Es ist nicht leicht, die mitleidheischende »Schau-mal-was-mir-angetan-wurde«-Haltung aufzugeben. Es ist wahrlich nicht leicht, auf das Mitleid anderer zu verzichten. Denn schließlich diente uns dies alles als kleine Entschädigung für den großen Verlust von Autonomie und Selbstbestimmung. Wir haben uns schließlich mit den Mitteln getröstet, die uns zur Verfügung standen. Und manchmal schrumpft das Trostpflaster für erlittene Lebenspein auf ein süßlich-wehes Flattern in der Herzklappe zusammen, die Naseninnenwände mutieren zur empfindlichsten Seelenstelle, jeder vorbeieilende Atemzug belebt den tief sitzenden Gram bis in die feinsten Verästelungen der Nasenwurzel hinein und befördert gleichzeitig die Bitternis aus dem dunkeln Gefängnis, was einen lösenden Schmerz zur Folge hat. Und manchmal bleibt einzig dieser letzte Beweis eines wohlwehen Gefühls übrig, dass wir unsäglich leidend sind.

Wie du siehst, weiß ich, wovon ich spreche. Auch ich kenne die Opferrolle gut. Ich habe sie schließlich von meiner Mutter gelernt. Obwohl ich sie schon als Kind nicht für sehr geeignet hielt und mich viel lieber in einer anderen Rolle gesehen hätte, schlichen sich mir die Worte ins

Ohr, die Gesten lagerten in meinen Zellen, der leidende Blick prägte sich ein.

Ich kann nun nicht sagen, dass ich bis jetzt ein ausgesprochenes Opfer-Frauenleben führte. Nein. Es gab Phasen in meinem Leben, da ritt ich mit Pfeil und Bogen durch die Welt. Aber gelegentlich hat es mich doch erwischt. Unerwartet. Es ist noch nicht lange her, ich hatte Geburtstag. Und genau an diesem Tag meldete sich bei mir ein romantisches Bedürfnis, mich *wenigstens* (bereits diese Wortwahl ist verdächtig) von IHM mit besonders viel Liebe umflort zu wissen. In der Regel erwarten wir das von einigen wenigen, aber von diesen ganz speziell, auch wenn wir eigentlich schon wissen, dass sie in derartigen Gefühlsäußerungen eher ungeschickt sind. Trotzdem wollen wir Liebesbezeugungen ausgerechnet von ihnen, und die können auch nicht durch andere ersetzt werden. Und ich wollte diese Bezeugung von Frederic.

Ich hatte mir für meinen spielzeuggroßen Teich zwanzig Goldfische gewünscht. Da mein Geburtstag auf einen Sonntag fiel, wollte Frederic am Abend vorher die bereits bestellten Goldfische abholen. Ausgerechnet dann kamen Handwerker, um die bevorstehenden Renovierungsarbeiten am Haus zu besprechen. Und als dies erledigt war, hatte das Geschäft geschlossen. An meinem Geburtstag schwamm weder ein Fisch noch stand ein Blumenstrauß im Wasser. Frederic erklärte mir das Malheur, dass dreiundzwanzig Goldfische im Aquarium-Laden auf mich warteten, aber ich erlebte es als Ausdruck seiner Vernachlässigung und war für kein Argument mehr erreichbar.

Obwohl ich mich in einem außerordentlich liebevollen Freundeskreis aufgehoben fühle, obwohl ich mich an zwei prachtvollen Töchtern und einer zauberhaften Enkelin erfreue, krachte ich durch den sonst soliden Boden und landete im Land der Abgeschobenen, Ungeliebten und Vergessenen. Ich verbrachte den ganzen Tag im Bett und heulte. Es gelang mir nicht einmal, Frederic, vom schlechten Gewissen gepeinigt, in die Knie zu zwingen. Er hielt meine Bettlägerigkeit für den Beginn einer Grippe und setzte sich ab, schließlich wolle er nicht auch noch krank werden.

Du siehst, ich bin diesbezüglich mit allen Wassern gewaschen, kenne mich in allen unterirdischen Abwasser- und Beziehungskanälen bestens aus. Sich an der Opferrolle zu weiden ist so, als ob wir uns selbst in die Kanalisation befördern und noch in einer letzten blitzschnellen Drehung den Genuss herausfiltern, bevor wir uns dem Sog ins dunkle Loch übergeben.

Weil ich meinen ganzen Geburtstag im Bett mit der Decke über dem Kopf verbrachte, hörte ich das Telefon nicht. Meine Töchter wollten mich erreichen, meine Freunde wollten mir gratulieren, mir eine Freude machen, wollten mich besuchen und zum Essen einladen.

Am nächsten Tag erhielt ich die dreiundzwanzig Goldfische. Fünf davon fraß die graue Nachbarskatze nach ungefähr zwanzig Minuten, und als sie gegen Abend nochmals vorbeischaute, wurde sie von einem unserer Hunde aufgefressen. In den folgenden Tagen dezimierte sich der Bestand meines goldenen Fischbesitzes nochmals. Nun sind mir noch zwölf geblieben, denen ich die Namen der zwölf Apostel gegeben habe, die ich täglich nachzähle.

Wenn du aber meinst, ich würde mir hinterher nochmals eins draufgeben, mich entwerten, mein Verhalten im Nachhinein als ausgesprochen kindisch und blöd beurteilen, hast du dich getäuscht. Nein, ich sagte mir: »Kein Wunder, schließlich hast du den Opfertext schon früh eingeübt. So schnell lässt sich dieser Text nicht umschreiben.«

Ich drehe den Spieß um. Wenn mir etwas nicht gelungen ist, beschimpfe und entwerte ich mich nicht. Aber ich klopfe mir auf die Schulter, wenn mir etwas geglückt ist.

Übrigens ist auch in der Lerntheorie dieses Modell als das eindeutig bessere erkannt worden.

Wenn du also mal wieder in eine alte Opferfalle hineingetappt bist, dann mach nicht noch ein zusätzliches Drama daraus – von wegen grundsätzlicher Chancenlosigkeit und so. Irgendwann sollten wir der Klagemauer den Rücken zudrehen. Andere für die eigene Misere verantwortlich zu machen hat noch nie dazu beigetragen, dass sich die Situation verändert. Wir müssen die Verantwortung im vollen Umfang selbst übernehmen, und dann haben wir alles in der Hand.

Untersuchungen[33] über kommunikatives Verhalten haben gezeigt: Allein an der Art und Weise, wie jemand argumentiert, zeigt sich, ob es sich um eine erfolgreiche oder erfolglose Person handelt. Eine erfolglose Person wird immer alle anderen, die erschwerenden Umstände und die besonders beschissene Situation für ihren Misserfolg verantwortlich machen. Sie wird sagen: »Es fing alles schon schlecht an. Zuerst habe ich verschlafen. Dann war ich verspätet und habe keinen Parkplatz gefunden. Dann fing es auch noch an zu regnen, und als Krönung bekam ich auch noch meine Tage. Kein Wunder, wenn alles danebenging.«

Wenn hingegen etwas geglückt ist, dann wird sie sich ebenfalls mit äußeren Begebenheiten den Erfolg zu erklären versuchen: »Ich hatte Glück. Ich fand sofort einen Parkplatz und es herrschte wunderschönes Wetter.«

Eine erfolgreiche Person wird einen möglichen Misserfolg unter die Lupe nehmen und jene Bereiche, die von ihr beeinflussbar sind, analysieren: »Da habe ich einen Fehler gemacht, und das will ich mir nun genau anschauen. Aber eines kann ich versprechen: Diesen Fehler mache ich kein zweites Mal.« Ist ihr etwas gelungen, führt sie den Erfolg ebenfalls auf ihre Kompetenz zurück: »Dieser Erfolg freut mich sehr, er kommt für mich nicht unerwartet, ich habe auch viel dafür gearbeitet.«

Und wenn wir gerade von Erfolgen sprechen: Wer denkt, Erfolg sei ein glücklicher Zufall, unterliegt einem großen, selbstschädigenden Irrtum. Dieses Denken ist als Versuch zu verstehen, möglichst keine Verantwortung zu übernehmen und sich nicht mit der Realität anzufreunden. Ich verstehe ja gut, dass der Erfolg anderer einen ärgern und Missgunst hervorrufen kann. Nur damit ändern wir unsere Situation nicht. Es wird dir sehr viel mehr helfen, erfolgreichen Menschen in die Karten zu schauen, um zu erfahren, wie die das machen. Und du wirst interessante Merkmale herausfinden, die sie alle gemeinsam aufweisen:

1. Sie haben genaue Ziele, wissen, wohin sie wollen.
2. Nichts ist ihnen zu viel. Das Erreichen ihres Zieles steht an oberster Stelle. Sie arbeiten – wenn es sein muss – vierzehn Stunden am Tag. Ohne sich darüber zu beklagen.
3. Sie übernehmen die Verantwortung für ihre Fehler und lernen daraus.

Ich verrate dir auch mein Geheimrezept: Bücher fallen nicht vom Himmel, sie müssen geschrieben werden. Ein Satz nach dem anderen. Das braucht Zeit. Und den unbeugsamen Willen, sich diese Zeit zu nehmen. Wenn du willst, nenn es Disziplin – ein unsympathisches Wort.

Mein erstes Buch schrieb ich morgens zwischen sechs und neun Uhr. Dann begann meine Arbeit in meiner psychotherapeutischen Praxis. Ich habe zwei Jahre daran geschrieben und zugleich Seminare durchgeführt und Vorträge gehalten. Damit will ich mich hier nicht als großes Vorbild aufspielen. Ich bin es nicht. Aber vielleicht hilft es dir, von mir zu hören, dass alles mit Knochenarbeit zu tun hat.

Und noch etwas: Falls du künstlerische Ambitionen haben solltest und du auf die große kreative Inspiration wartest, könnte es sein, dass du dein ganzes Leben mit Warten zubringst und sich der Durchbruch deines Schaffens eventuell erst im nächsten Leben vollziehen kann. Lass deine Muse nicht umsonst in der Warteschleife herumkurven, sondern sorge dafür, dass du ihr einen Landeplatz zur Verfügung stellst. Du kannst noch so begabt sein: Wenn es dir nicht gelingt, deinem Talent eine Form zu verleihen, dann geschieht gar nichts. Am besten ist es wohl, wenn deine Landepisten täglich über mehrere Stunden offen sind. Das heißt, du gewöhnst dir an, immer die gleichen Zeiträume für deine Tätigkeit zu nutzen. Also wenn du malen willst, dann male täglich. Wenn du schreiben willst, dann schreibe täglich. Durch diese Regelmäßigkeit lockst du die Musen an.

Es wird dir zweifellos auch nützlich sein, wenn du eine Liste anfertigst und alle deine Stärken und Schwächen auflistest. Und weil dir wahrscheinlich zwanzig Schwachstellen in deinem Charakter einfallen, begrenze sie bewusst auf drei. Jawohl, liste drei Eigenschaften auf, die du persönlich als negativ bewertest. Doch zunächst bemühe dich, mindestens sieben positive Eigenschaften zu finden, die du als deine besonderen Stärken einstufst. Über deine Stärken brauchen wir uns nicht zu unterhalten. Wahrscheinlich wird es dir bereits große Mühe machen, sieben herauszufinden. Bitte gib nicht zu früh auf, und falls dir einfach nichts mehr einfallen will, frag deine Freunde und Freundinnen – sie sollen dir auf die Sprünge helfen. Vielleicht magst du dann diese Liste gesammelter Pluspunkte an deinen Kühlschrank oder an den Spiegel im Badezimmer kleben, damit du sie täglich vor Augen geführt bekommst und gut auswendig lernen kannst. Schließlich sind diese Stärken dein Kapital, und es lohnt sich, sich dieses Reichtums bewusst zu werden.

Und dann knöpfe dir die negativen Eigenschaften vor. Wir müssen uns darüber im Klaren sein, dass eine Eigenschaft, eine Verhaltensweise erst durch den Kontext eine bestimmte Bewertung erfährt und entweder als negativ oder positiv gilt. Ein fröhlicher Mensch beispielsweise, der das Herz auf der Zunge trägt, ist in einem geselligen Umfeld ein äußerst gern gesehener Gast, während er in einem auf Ruhe bedachten Milieu als oberflächlicher Schwätzer beurteilt wird. Deshalb nimm zuerst das Umfeld unter die Lupe, damit du die negative Eigenschaft in diesem Zusammenhang zu verstehen lernst. Und dann gehe hin und erschaffe in deiner Fantasie eine neues Umfeld, das die gleiche Eigenschaft nicht negativ, sondern positiv bewertet. *Umdeuten* [34] heißt das Zauberwort. Du wirst sehen, dass du Bewertungen einfach übernommen hast, obwohl sie selbstverständlich keine allgemeine Gültigkeit besitzen.

Wenn du einmal begriffen hast, dass die negative Bewertung nur die eine Seite der Medaille ist und dass es dazu immer auch eine Gegenseite gibt, dann erhältst du zu den als negativ bezeichneten Eigenschaften einen umfassenderen Überblick und dadurch einen besseren Zugang. Dann kannst du erleben, dass sich Schwächen plötzlich als Stärken erweisen.

Wenn du dir zum Beispiel vorwirfst, eine langsame Denkerin zu sein, dann überlege dir bitte, ob es daran liegt, dass dir viel an Genauigkeit und Gründlichkeit liegt. Falls du an dir deine Ungeduld bemängelst, frage dich, ob du ein Mensch bist, der möglichst viel erleben möchte und viel Interesse an Neuem zeigt. Oder vielleicht wirfst du dir vor, dass du in der Öffentlichkeit immer so verkrampft bist. Dann könntest du dir die Frage stellen, ob es wohl daran liegt, dass du alles besonders gut und perfekt machen möchtest. Knöpfe dir deine drei Schwächen auf diese Weise vor, und falls du betriebsblind bist – was leicht geschehen kann –, dann hole dir Hilfe von Freunden und Freundinnen. Wir haben unseren Freundeskreis nicht nur zum Kegeln und Tennisspielen, sondern vor allem auch, um uns gegenseitig in der Entwicklung behilflich zu sein.

Allein die Beschäftigung mit deinen Schwächen auf diese Weise wird dich aus der armseligen Opferhaltung herausreißen und dir einen sehr viel größeren Handlungsspielraum erschließen.

Selbstverständlich sollten wir aber auch eine realistische Einschätzung unserer Schwächen vornehmen und uns fragen, ob wir vielleicht die eine oder andere Eigenschaft, die wir als Mangel erleben, durch die Aneignung einer bestimmten Fähigkeit beheben wollen. Also wenn wir uns zum Beispiel über mangelnde Selbstsicherheit beklagen, in der Öffentlichkeit eine eigene Meinung zu vertreten, dann ist es zweifellos gut, zunächst gedanklich den Kontext so zu verändern, dass sich diese Verhaltensweise nicht mehr als negativ darstellt, sondern einen positiven Aspekt erhält. Wenn jemand nicht wagt, seine Meinung zu sagen, ist er oder sie in der Regel sehr genau im Zuhören. Wenn wir uns nun das Prädikat »gute Zuhörerin« überreicht haben, fühlt es sich bereits besser an. Aber ich bin meinem Wunsch, meine Ansichten und Meinungen öffentlich kundzutun, dadurch nicht näher gekommen. Also sollten wir uns überlegen, was zu tun ist. Wer nicht wagt, den Mund aufzumachen, muss es eben lernen. Es gibt in jedem kleinen Nest eine Volkshochschule, die Rhetorikkurse anbietet. Gestatte dir also nicht mehr, darüber zu jammern, dass du kein Wort herausbringst, sondern unternimm etwas dagegen. Besuch einen Kurs und eigne dir an, was dir fehlt.

Dein Bemühen, das Büßer-Hemd auszuziehen, kann eine gewisse Zeit in Anspruch nehmen. Bei einigen dauert es ziemlich lange, weil es bereits wie eine zweite Haut eingewachsen ist. Jedenfalls wirst du nicht daran vorbeikommen, mit aggressiven Impulsen gegen die Opferrolle anzutreten. Du erinnerst dich, dass die vorwärts treibende

Urkraft darauf wartet, von dir endlich zum Einsatz gebracht zu werden und ihren Dienst zu deinem Wohlergehen einzubringen. Sobald du einmal erlebt hast, wie es sich anfühlt, sich nicht mehr in Abhängigkeit von irgendwelchen Idioten zu wissen, wenn du deine feurige Kraft spüren kannst, selbst das Steuer in die Hand nimmst und die Richtung bestimmst, wirst du eine Ahnung davon bekommen, wie es ist, wenn du so sein kannst, wie dich die Schöpfung gemeint hat. Auch wenn du immer wieder in alte Muster zurückfällst, spielt das keine Rolle – sei also auch in dieser Angelegenheit nachsichtig mit dir.

Misstrauensantrag abschmettern

Eines der typischen Merkmale bei selbstwertarmen Frauen ist eine grundsätzliche Verunsicherung den eigenen Gefühlen gegenüber. Wenn es uns nicht gelungen ist, in uns jenen heimatlichen Ort zu erschließen, wo wir uns mit uns und der Schöpfung einverstanden fühlen, gondeln wir überall herum – nur nicht in unserer Mitte. Mal schleudert es uns in die obersten Etagen größenwahnsinniger Selbstüberschätzung, wir gründen Menstruationsvereine, lassen im Mondschein Tampon und Binden hochleben und zelebrieren Weiblichkeit, mal peinigen uns schier unüberwindbare Versagensängste, und wir fühlen uns wie die letzten Schlampen.

Wem bereits als Kind die eigene Mitte ausgeredet wurde, hat die Selbstverständlichkeit, seinen eigenen Gefühlen zu vertrauen, nie kennen gelernt. Es gibt Kinder, denen ihre eigene Traurigkeit ausgeredet wird. Je nach Familienideologie. In gewissen Familien ist es verpönt, traurig oder nachdenklich zu sein. Genauso gibt es auch das Gegenteil. Vor allem in betont religiösen Familien, die sich besonders starr an kirchliche Dogmen halten, lässt sich eine

eigenartige Abwehr von Gefühlen der Freude und des Be-
schwingtseins feststellen. Wenn Kinder aus solchen Familien übermütig sind, weil sie sich einfach am Leben freuen
und ihnen das Herz im Leibe hüpft, dann wird das Glücksempfinden mit einer schwerwiegenden Mahnung belegt:
»Nach dem Lächlein gibt's ein Bächlein.« Dieses von außen
an das Kind gerichtete Diktat hat verheerende Folgen.
Es führt dazu, dass die unterschiedlichen Stimmungen, die
nun mal zum Leben gehören, nicht wahrgenommen werden dürfen, geschweige denn explizit zum Ausdruck gebracht werden können. So verlernen Kinder, ihren Gefühlen zu vertrauen, sie orientieren sich nach außen,
versuchen herauszufinden, welche Gefühle denn erlaubt
und erwünscht sind. Es ist also nicht verwunderlich, wenn
wir dann als erwachsene Menschen nicht mehr genau wissen, was oben und unten ist, was wir fühlen, was wir tun
oder lassen wollen. Die Orientierung an dem Eigenen geht
verloren, und das hat schwerwiegende Folgen. Wenn es uns
nicht gelingt, uns wieder in uns selbst zu orientieren, ist der
Weg zu unserem ureigensten Wissen verstellt.

Jede von uns trägt ein tiefes Wissen in sich, da unser
ganzes Entwicklungsprogramm in uns angelegt ist. Und
wie jede Pflanze in ihrem Samen die Information für ihre
zukünftige Entwicklung enthält, so hat auch der Mensch
seine ganz individuellen Anlagen. Eine Tulpe wird zur
Tulpe. Eine Nelke zur Nelke. Sie muss nicht darum ringen
und herausknobeln, wo es langgeht. Sie entwickelt sich
einfach so, wie die Schöpfung es vorgesehen hat. Das
menschliche Wesen aber muss noch etwas dazu tun: Es
muss zuerst herausspüren, welche Begabungen und Fähigkeiten in ihm angelegt sind. Und dann muss es die Verantwortung dafür übernehmen, dass sich die Anlagen entfalten können. Der Mensch muss also seinen Willen kundtun
und sein Einverständnis dafür geben, dass sich alles entwickeln kann, was als Anlage vorhanden ist. Es gibt im

menschlichen Leben wohl keine größere Kränkung, als wenn die angelegten Begabungen und Fähigkeiten nicht zur Entfaltung gelangen können. Und gerade bei Frauen werden durch die gesellschaftsbedingten Rollen die Möglichkeiten, sich zu entfalten, stark eingegrenzt oder gar unmöglich gemacht. Es gibt genug erschütternde Berichte von Frauen, die aufzeigen, welche Qualen der Begabungsstau verursacht.[35]

Um aber herauszuspüren, wohin wir uns entwickeln wollen, müssen wir einen direkten Zugang zu diesem in uns angelegten Programm haben. Und dies ist nur möglich, wenn wir Kontakt zu unserer Mitte spüren. Deshalb ist es so wichtig, wieder eine Vertrauensbasis zu unseren Gefühlen herzustellen und sie nicht ständig anzuzweifeln und in Frage zu stellen. Es ist der Boden, auf dem Selbstvertrauen entsteht. Schließlich ist dies auch ein Bündnis mit uns selbst, uns unverbrüchlich die Treue zu halten. Ein Treuebruch gegen sich selbst ist der wirklich einzige Bruch, der sich verheerend auswirkt und unter allen Umständen vermieden werden sollte.

Jetzt möchte ich dir aber zeigen, was zu tun ist, um den Weg wieder zu finden, der dich nach Hause bringt. Hänsel und Gretel haben sich zweimal in die Irre führen lassen. Obwohl sie sich vorsahen und im Wald Brotkrumen streuten, suchten sie den Weg umsonst. Die Vögel fraßen alles weg, und sie irrten umher. Beim dritten Mal aber nahmen sie Kieselsteine und fanden den Weg zurück.

Wir müssen also darauf achten, dass wir gut zwischen Brotkrumen und Kieselsteinen zu unterscheiden lernen. Denn manchmal fühlt sich etwas verdammt gut an, und wir denken, wir hätten die Lösung schon gefunden. Ich denke da vor allem an Beziehungen. Wir fühlen uns oft in einer Partnerschaft zu Hause, aber kaum haben wir uns so richtig gefreut, ist die Brotkrume schon von anderen Tieren aufgefressen. Beziehungen können uns niemals eine Heimat geben, aber sie können uns dabei helfen, den Weg zurück zu unserer Mitte wieder zu finden. Solche Beziehungen zeichnen sich durch ein wichtiges Merkmal aus, und es ist von großem Vorteil, gut darauf zu achten. Wachstumsfördernde Beziehungen zeichnen sich darin aus, dass wir das Gefühl haben: Hier kann ich nichts falsch machen. Wenn du dieses unbeschreiblich paradiesische Gefühl erlebst, wird es dir möglich sein, dein inneres Paradies zu finden. Es ist die Voraussetzung dafür, dass du allen Regungen und Impulsen, die dir wichtig sind, ungehindert nachspüren kannst, um herauszufinden, wo es langgeht.

Da sich viele Frauen äußeren Erwartungen und Forderungen derart angepasst haben und sich abhanden gekommen sind, ist es nicht einfach, den Weg zurück wieder zu finden. Innere Bilder, die wir mit Gefühlen und bestimmten körperlich wahrnehmbaren Empfindungen in Verbindung bringen, können uns da als Wegweiser gute Dienste leisten und uns wieder in unsere Heimat zurückführen: Versuche, in dir die innere Ofenbank zu finden, die bei vielen Frauen, mit denen ich gearbeitet habe, direkt hinter dem Brustbein sitzt. Aber vielleicht findest du sie auch im Herzbereich oder etwas tiefer in Richtung Bauch. Konzentriere dich zuerst auf den Atem und nehme den Rhythmus des Ein- und Ausatmens zum Anlass, dich allmählich nach innen zu schaukeln. Vielleicht behagt dir das Bild der inneren Ofenbank nicht. Dann stell dir ein anderes vor. Vielleicht möchtest du einen kardinalroten samtenen Fauteuil oder einen großen Stein, jedenfalls etwas, das dir erlaubt, gut darauf zu sitzen.

Vielleicht bist du überrascht, dass ich dir nichts zum Liegen anbiete. Das hat seine Gründe. Wenn wir liegen, geht uns das Gefühl der Selbstverantwortung leicht verloren, wir dösen, lullen uns ein und wünschen uns vielleicht sogar, dass sich jemand um uns kümmert. Und schon geraten wir wieder in die alte Falle. Wenn wir sitzen, ist die

Wirbelsäule aufgerichtet und schwingt frei, sie verbindet uns mit oben und unten, mit Himmel und Erde, spannt uns wie ein Bogen und fordert uns auf, die Spannung auszuhalten.

Wenn du mit deiner inneren Mitte, mit deinem wahren Selbst in Kontakt kommst, wirst du ein tiefes Gefühl des Einverstandenseins mit der Schöpfung erleben, vielleicht für eine Minute, vielleicht länger. Sei nicht enttäuscht, wenn es sich nicht um Stunden handelt. In diesen wichtigsten Bereichen genügen homöopathische Dosierungen. Sie wirken auf jeden Fall.

Versuche, dir dieses Gefühl gut einzuprägen. Damit du im Alltag stets deine Gefühlswelt auf ihre wahre Gültigkeit überprüfen lernst. Wenn du den Weg zu deiner inneren Ofenbank einmal gefunden hast, dann merke dir genau den Weg, wirf überall ein paar Kieselsteine hin, damit du jederzeit zurückfinden kannst. Präge dir wichtige äußere Eckpunkte ein, etwa, welche Gedankengänge du vollzogen hast, um deinen Mittelpunkt aufzuspüren. Vielleicht ist es ein besonderes Erlebnis, ein Bild, ein Gefühl oder ein Geruch, was dir den Weg zu finden hilft. Oder hast du dich von einer Musik begleiten lassen oder von einer bestimmten Bewegung, vielleicht einem Spaziergang durch den Wald? Sammle diese Kieselsteine alle ein und streu sie ganz bewusst in deinen Tagesablauf.

Wenn du mal nicht weißt, ob du deinen Gefühlen vertrauen kannst, dann folge deinen Kieselsteinen, die dich wie Wegweiser führen. Nimm das, was dich verunsichert, mit auf die innere Ofenbank und prüfe die verschiedenen Gefühle, die dadurch ausgelöst werden. Du wirst sehen, dass es Dinge gibt, die sich absolut richtig anfühlen und auf der inneren Ofenbank noch an Intensität gewinnen.

Hingegen wirst du auch feststellen können, dass du eventuell nicht einmal das Foto eines bestimmten Menschen auf deine innere Ofenbank mitnehmen kannst. Alles in dir sträubt sich. Es entsteht ein Druckgefühl auf der Brust, eine Beengung im Herzbereich oder eine andere körperlich wahrnehmbare Empfindung. Dies ist dann allerdings ein deutlicher Hinweis, auf der Hut zu sein, um gewisse Veränderungen vorzunehmen. Du weißt schon, worauf ich hinaus will: auf den Partner. Ja, es gibt Partner, die uns wirklich nicht gut tun. Sie halten uns von uns fern. Verstellen den Weg. Irgendetwas in uns denkt: »Ich kann ohne ihn nicht leben.« Obwohl er vor deiner Haustür steht und dir den Eintritt zu deinem eigenen Haus verwehrt. Vielleicht aber ist es nicht gar so schlimm, und er besetzt nur meine schönsten und sonnigsten Räume und hat sich längst angewöhnt, sich als Hausherr aufzuspielen. Auch dann wirst du nicht darum herumkommen, aufzuräumen und die Dinge beim Namen zu nennen.

Es braucht nicht gleich zu einer Trennung zu kommen, aber sicher bedarf es einmal ein paar deutlicher Worte. Vielleicht musst du einfach mal lernen, dich abzugrenzen. Dafür solltest du Sätze auswendig lernen wie etwa diesen: »Bis hierher und nicht weiter!«

Viele Frauen haben größte Mühe damit, ihr Territorium zu beanspruchen und notfalls auch zu verteidigen. Sie kommen sich anmaßend vor, haben Angst, als überheblich zu gelten. Wirf diese Gewissensbisse in den Müll, dort gehören sie hin. Weiß der Henker, wer dir das beigebracht hat! Es ist ein untaugliches Programm, den eigenen Wert auf Sparflamme zu drosseln. Das hat übrigens nichts mit Bescheidenheit zu tun, sondern mit einer Eigenart, den Schöpfungsplan auf den Kopf zu stellen. Denk daran: Du hast dieses Leben mit einer wunderbaren inneren Quelle des Wissens nicht geschenkt bekommen, um es verlottern und verwahrlosen zu lassen.

Das Leben ist das kostbarste Gut, das du besitzst, und du bist dafür voll verantwortlich. Damit du nicht am Ende deines Lebens wie ein verschnupftes Huhn vor den Himmelspforten stehst und stammelst: »Sorry, man hat mir beinahe alle Federn gerupft.«

Wir müssen unseren Schatz verteidigen, notfalls Streit wagen und kämpfen. Um dieser Aufgabe gerecht zu werden, steht uns das Urprinzip Aggression zur Verfügung. Auf diese vorwärts strebende Energie zu verzichten, wäre Wahnsinn. Es gibt Dinge, die sich oft nur energisch und zielsicher anpeilen und verteidigen lassen. Mit dem vorwurfsvollen Blick einer Leidenden ist nichts zu gewinnen, höchstens ein Magengeschwür und andere körperliche Misslichkeiten aller Art. Die Friedenspfeife kannst du dann paffen, wenn du deine Arbeit getan hast.

Die Grünkraft sprießen lassen

Obwohl es den meisten Frauen theoretisch durchaus einleuchtet, dass sie eine der wichtigsten Voraussetzungen für eine selbstbestimmende Lebensführung ist, fällt es vielen in der Präxis äußerst schwer, dem Urprinzip Aggression den ihm zustehenden Platz einzuräumen. Wir beklagen uns und jammern, dass sich Männer einfach das holen, was ihnen gefällt. Und wir stehen daneben und schauen zu, wie sie uns die schönsten Salatköpfe aus unserem Garten klauen.

Wir zelebrieren unsere Friedfertigkeit und Geduld – das sind schließlich die Frauentugenden Nummer eins. Für viele Frauen ist dies die einzige Möglichkeit, mal anerkennend hinterm Ohr gekrault zu werden. Es ist noch nicht lange her, als eine Frau dann hoch geachtet war, wenn sie sich ihrem saufenden und prügelnden Ehemann ohne Gegenwehr für das Ausleben seiner destruktiven Aggressionen zur Verfügung stellte – möglichst lebenslang.

Die Wehrhaftigkeit der Frau ist nicht gefragt. Wehrhaftigkeit und sexuelle Stimulanz für den Herrn vertragen sich schlecht, deshalb gilt Aggression als unweiblich. Und damit ist uns der Wind aus den Segeln genommen.

Um unsere Grünkraft sprießen lassen zu können, müssen wir zuerst für uns Weiblichkeit neu definieren. Mach dir ein Bild von einer Frau, die ihre Stärke mitsamt allen vorwärts strebenden Impulsen lebt. Und wenn du fürs Erste übers Ziel hinausschießt und dabei die Zartpfotigkeit, die Zerbrechlichkeit auf der Strecke bleiben, spielt das keine Rolle. Ich bin zuversichtlich. Ich habe viele Frauen in diesem Prozess begleitet und habe erlebt, dass wir das, was in uns ist, nicht verlieren können, nur weil wir ein wenig herumknallen.

Vielleicht hast du ein Vorbild und denkst: »So wie die möchte ich auch sein.« Dann stecke dir dieses Bild in deine Jackentasche, hole es immer wieder hervor, um dich zu stärken. Erinnerst du dich an das Kapitel über Projektion? Es gibt nämlich nicht nur negative, sondern auch positive Projektionen. Und wenn du bei einer anderen Frau besonders schlagkräftige Eigenschaften entdeckst, dann heißt das, dass in dir diese Verhaltensweisen ebenfalls vorhanden sein müssen, sonst könnten deine Antennen sie nicht aufnehmen. Wir nehmen selektiv wahr. Nur das, was in mir auf Resonanz stößt, kann ich letztlich wahrnehmen. Es ist also nicht möglich, kraftvolle Verhaltensweisen bei einer anderen Frau wahrzunehmen und selbst ein völlig geknicktes, kraft- und saftloses Gänseblümchen zu sein.

Und wenn du gelegentlich in moralische Zweifel gerätst und dich fragst, ob du überhaupt das Recht hast, dich durchzusetzen und deine Energie zum Einsatz zu bringen, dann ruf dir das Folgende in Erinnerung: Das Leben ist ein kostbares Geschenk, das kostbarste überhaupt. Den Himmel über sich ausgespannt fühlen und mit allen Sinnen die prickelnde Freude erleben – das bist du! Was willst du mehr? Du hast aber dieses Geschenk nicht erhalten, damit du es verkommen lässt und jedem Idioten erlaubst, dass er dich anpinkelt, seinen Müll über dich kippt oder verhindert, dass du dir deinen Teil vom großen Weltkuchen nimmst. Du musst dich also niemals mit der Frage herumquälen, ob du überhaupt ein Recht hast, dich für dich einzusetzen. Du hast nämlich nicht nur das Recht, sondern die verdammte Pflicht, dein Selbst zu verteidigen, damit alles, was in dir angelegt ist, grünen und blühen und zur Entfaltung kommen kann.

Wirf also alles Hinderliche ab. Geh durch dein wunderschönes Haus und miste aus, was da nicht hingehört. Schau dir die Gäste gut an, die sich bereits heimisch niedergelassen haben und dir die ganze Luft verpesten. Nur den höflichen Gästen, die sich deiner Hausordnung fügen, kannst du einen Platz anbieten. Aber setze Grenzen. Sag ihnen, wann es Zeit ist, wieder zu verschwinden. Und wenn dich irgendwo jemand beleidigen, kränken oder demütigen will, lass es nicht zu! Schütz dich gegen solche toxischen Beziehungen.

Du fragst dich wahrscheinlich: »Wie soll ich das denn machen?« Indem du dich grundsätzlich für dich und dein Wohl entscheidest. Keine Angst, du wirst nicht zu einer hoffnungslosen Egomanin und gehst fortan über Leichen. Du hast noch so viel Einfühlung in dir, und du verlierst den Blick für das Wohlergehen anderer nicht, auch wenn du das deinige ebenfalls ernst nimmt. Deine sozialen Impulse erhalten höchstens eine sinnvolle Ergänzung. Denk an die läutenden Glocken des christlichen Abendlandes, die dir den Satz ins Ohr bimmeln: »Liebe deine Nächsten wie dich selbst.«

Lerne an erster Stelle, Nein zu sagen: Nein, ich will nicht! Nein, das mache ich nicht!

Nein zu sagen ist ein wunderbares Lernprogramm, eigenen aggressiven Impulsen zum Durchbruch zu verhelfen. Das Wörtchen Nein ist die Absage, allen gefallen zu wollen, ist eine grundsätzliche Absage an sämtliche Manipulationsversuche anderer. Wenn du eine typische Ja-Sagerin bist, heißt das, dass du oft Ja sagst, bevor du dich gefragt hast, ob du damit einverstanden bist; einfach so, aus einem altgewohnten Reflex. Hinterher fällt dir ein, dass du eigentlich hättest Nein sagen müssen. Du könntest dir aus dieser zweifellos sehr unangenehmen Situation helfen, indem du es dir zur Aufgabe machst, mindestens dreimal am Tag aus Prinzip Nein zu sagen. Es baut den Verteidigungsmuskel systematisch auf, es stärkt dir den Rücken. Du kannst nicht Nein sagen und gleichzeitig den Kopf zwischen den Schultern eingezogen halten. Das geht nicht. Vielleicht tut es dir gut und stärkt dich, wenn du dir eine direkte Verbindung vom Scheitel zum Himmel vorstellst, damit du dich schön gerade aufgerichtet fühlst. Es ist die würdevolle Haltung der Frau, die dir zusteht.

Such dir eine Musik aus, die dich aufrichtet, dich wie eine Katze sprungbereit macht und dich derart stärkt, dass du jeden Angriff sofort abzuwehren im Stande wärst.

Wir sollten auch auf die Schuhe achten, schließlich stehen wir mit den Füßen auf dem Boden. Es gibt Latschen, in denen kannst du schlurfen und watscheln wie eine Ente, nur gehen kannst du darin nicht. In Stöckelschuhen kannst du weder gehen noch stehen, nur staksen und herumtrippeln und den Bauch einziehen. »Eine Frau auf Stöckelschuhen verdammt sich selbst zum Hohlkreuz und betrügt sich um die Kraft aus der Mitte, aus dem Beckenboden, dem Ursprung des aufrechten Gangs und – des Frauseins«, schreibt Benita Cantieni.[36] Und weiter schreibt sie: »Dieser Menschwerdungsprozess beginnt damit, dass wir Frauen das bescheuerte herrschende Schönheitsideal boykottieren.« Versuche dich von sämtlichen Lächerlichkeiten, die als besonders weiblich gelten, zu verabschieden. Ihre einzige Funktion ist, das männliche Geschlecht bei Laune und dich von deiner Intelligenz fern zu halten.

Wenn du dich nicht erden kannst, flieht deine Stimme entsetzt in die hinterste Kopfnische, und du hämmerst dir mit jedem Wort deine eigene Migräne ins Hirn.

Wähle also eine Musik, die dich besonders kraftvoll stimmt. Wir haben im Frauenseminar mit dem »Bolero« von Maurice Ravel ausgezeichnete Erfahrungen gemacht. Die Frauen tigern im Takt durch die Gänge oder schreiten mit ihrer geballten Ladung aufgestauter Wut solange hin und her, bis der wehrhafte Impuls aus ihnen ausbricht. Manchmal zerreißt ein Schrei die Musik, manchmal vollzieht sich alles im Inneren und ist nach außen kaum sichtbar.

Die Wut ist ein guter Wegweiser. Sie führt uns auf direktem Weg zur Lumpen- und Alteisensammelstelle. Es sind tausend kleinere oder größere Ärgernisse, die wir gesammelt haben. Es sind die vielen Kränkungen, die wir, einfach, pfleglich und friedliebend, wegzustecken versuchten.

Es kann sein, dass sich im Lauf deines Lebens eine richtige Wut-Müllhalde angesammelt hat, die allmählich zu stinken beginnt. Die einzige Möglichkeit, die ganze Scheiße wieder loszuwerden, ist, in dir den Willensimpuls freizulassen und endlich den Müll wegzusprengen. Vielleicht willst du alles aus dir herausschreien oder willst es jemandem erzählen, der dir zuhört, dich nicht unterbricht, nicht zurechtweist, keine Rat-Schläge erteilt und sich in punkto Belehrung zurückhält. Oder vielleicht willst du alles aufschreiben, Wort für Wort, willst deiner Wut und deiner Empörung eine Sprache geben und sie zum Ausdruck bringen.[37]

Damit du endlich frei wirst. Und du wieder frei über alles verfügen kannst, was in dir angelegt ist.

Ich will die Sache nicht beschönigen. Deine Befürchtungen, der Partner könnte klein beigeben, seinen Schwanz einziehen und verduften, wenn du plötzlich dein Leben in die Hand nimmst und deine Kraft spürst und sie zum Ausdruck bringst, ist nicht unbegründet. Ich schätze, die Chancen stehen fünfzig zu fünfzig.

Es gibt Männer, die sich in keiner Weise bedroht fühlen, wenn die Partnerin selbstbewusster und selbstbestimmend wird. Mehr noch: Sie freuen sich.

Ich habe es im Rahmen unseres Ausbildungsprogrammes im Frauenseminar immer wieder erlebt, wie sich zu Beginn der Ausbildung die Ehemänner und Partner der Frauen, die bei uns studierten, verunsichert fühlten. Sie wussten nicht, wohin die Reise gehen würde, sie spürten nur, dass sich die Partnerin veränderte. Ich habe immer versucht, möglichst transparent zu machen, was hier eigentlich geschieht. Und ich erklärte den beunruhigten Männern, dass die Frau, durch die vielen Einflüsse der Entwertung, denen sie ausgesetzt ist, etwas von ihrem Weg abgekommen sei und den Kontakt zu ihrer Mitte verloren habe. Nun aber sei sie gerade dabei, den Heimweg zu ihrem wahren Selbst ausfindig zu machen. Und da könne es schon sein, dass sie auch Verhaltensweisen zurücklassen werde, die sie daran hinderten, ihre Heimat zu finden. Diese Männer ließen sich von ihren Frauen inspirieren, sich selbst ebenfalls besser kennen zu lernen und sich einmal Fragen nach der inneren Mitte zu stellen sowie sich grundsätzlich Gedanken über den Sinn des Daseins zu machen.

Wenn ein Mann verstehen lernt, was es heißt, mit einer selbstbewussten Frau zusammen zu sein, wird er diese Entwicklung nur voller Verständnis bejahen können. Denn auch er wird davon profitieren. Er wird nämlich unverzüglich aus der Täterrolle entlassen, da die Frau sich für ihr Glück selbst verantwortlich fühlt. Und es gibt ja wirklich nichts, was eine Beziehung stärker belastet, als wenn dauernd die heißen Kartoffeln unter dem Tisch herumgereicht werden und die Schuldfrage zum wichtigsten Partnerthema geworden ist. Selbstbewusste Frauen sind die besseren Partnerinnen. Denn sie fühlen sich für ihr Wohl verantwortlich und sagen, was sie wollen. Der vorwurfsvolle Blick beim Abendessen fällt weg. Die stumme Schuldzuweisung ist verpufft. Welche Möglichkeiten, sich wirklich zu begegnen!

Selbstverständlich gibt es aber auch andere Männer, denen es unmöglich ist, sich auf ein solches Wagnis einzulassen. Es gelingt ihnen nur, sich stark und entsprechend gut zu fühlen, wenn die Partnerin schwach ist, von ihnen abhängig und unterlegen. Die eigene Selbstwertarmut und das daraus resultierende schwache Selbstbewusstsein müssen vom Mann überspielt werden, was er durch ein aufgeblasenes Imponiergehabe kompensiert und was unter dem uns wohl bekannten Begriff Machismo läuft. Ein Macho verträgt keine selbstbewusste Frau, dafür ist sein eigenes Selbstwertgefühl viel zu schwach. Und eine selbstbewusste Frau kann einem Macho wenig Sympathie entgegenbringen. Höchstens kann sie tiefes Bedauern für ihn empfinden, weil sie wahrnimmt, wie ein Mensch sich meilenweit von sich entfernt hat.

Dies zeigt sich vor allem im sexuellen Bereich. Bei nicht wenigen Männern springt sexuelle Erregung nur unter der Bedingung einer hierarchischen Oben-unten-Beziehung an. Jede symmetrische Beziehungsachse würde sie in ihrer Männlichkeit derart verunsichern, dass sie schlappmachen – in jeder Beziehung. So kommen Vergewaltigungen in einer eindeutig hierarchischen Gefühlskonstellation zustande: größtmögliche Erniedrigung der Frau erzeugt größtmögliche Lust beim Mann. Barbarische Kombi-Methoden von Folterungen und sexuellem Lustgewinn im kriegerischen angehenden einundzwanzigsten Jahrhundert! Das Patriarchat lässt grüßen.

Nun liegt es an dir zu entscheiden, was du willst.

Falls du mit einem Partner zusammenlebst, der dich nur dann liebt, wenn er dich unterbuttern kann und du mit gestutzten Flügeln in der Ecke hockst, solltest du dir die Frage stellen: Ist dieses Opfer nicht etwas zu groß? Du verzichtest freiwillig darauf, deine Flügel auszubreiten und in den Himmel hinaufzufliegen. Du verzichtest darauf, dein wunderschönes, geräumiges Haus zu bewohnen, und sitzt stattdessen in einer jämmerlichen Hundehütte.

Letztlich ist es ein Verzicht auf das eigene Leben. Und noch etwas: Stell dir die Frage, ob das, was der Partner für dich empfindet, tatsächlich etwas mit Liebe zu tun hat. Umfasst Liebe denn nicht den ganzen Menschen, und zwar so, wie ihn die Schöpfung gemeint hat? Wer sich nicht darüber freuen kann, wenn seine Partnerin in Kontakt mit ihrer eigenen Mitte kommt, ihr wahres Selbst entdeckt und zur Entfaltung bringt, kann das, was er für sie fühlt, nicht mit Liebe gleichsetzen. Es ist irgendetwas anderes, ein kohlensäurehaltiges Gemisch aus Macht, Besitz und Unterwerfung.

Vielleicht musst du deinen Partner gar nicht aus deinem Leben streichen und dich nicht gleich von ihm trennen. Vielleicht aber ist mal ein Gespräch fällig. Ein offenes, in welchem die Dinge beim Namen genannt werden. Und vielleicht bekommt dein Partner plötzlich Lust, sich ebenfalls für das Leben zu entscheiden und nicht an patriarchalen Unterdrückungsstrukturen festzuhalten, die letztlich jede ehrliche und offene Bewegung zwischen den Menschen unmöglich machen.

Wenn alle Stricke reißen sollten und du keine Möglichkeit für eine Fortführung der Beziehung mehr siehst, dann entscheide dich ganz bewusst für das Leben. Stell dich mitten in den Regen, richte dein Gesicht zum Himmel und lass die Regentropfen auf deine Wangen fallen! Vielleicht mischen sich Tränen mit hinein, lass sie fließen. Stell dich in den Wind, stemm dich gegen ihn, erleb den großen Weltatem, die kraftvolle Puste der Göttinnen! Und wenn es donnert und blitzt, reiß die Fenster auf, lass den Donner durch dein Haus grollen, lass die aufzuckenden Blitze die dunklen Nischen durchleuchten! Und vielleicht steigt auch eine alte Wut über die verlorene Zeit in dir auf, in der du dich verraten und vergessen hattest. Vielleicht pendelst du zwischen Wut und Trauer, zwischen dem Gefühl der Befreiung und der Dankbarkeit hin und her. Damit du mit jeder Zelle deines Seins das Wunder des Lebens erlebst.

Vielleicht möchtest du in diesem Moment mit dir einen Vertrag abschließen: Versprich dir, dass du zukünftig alles daransetzen willst, für dich Sorge zu tragen und nie mehr auf deine Kraft, auf deine vorwärts drängende Energie zu verzichten. Gib dir dein Ehrenwort, dass du dir nie mehr die Treue brichst, dass du immer zu dir stehst. Und dass du dich liebst bis ans Ende deiner Tage.

Ausstieg aus der Selbstverachtung

Und hier schließt sich der Kreis. Wir kehren zurück zu den Wurzeln des christlichen Abendlandes: »Liebe deinen Nächsten wie dich selbst.«

Sich selbst zu lieben ist eine Kunst. Die Gehirnwäsche hat unsere liebenden Gefühle zu unserem Leben ausgespült, und am Schluss bleibt nur noch die Selbstverachtung übrig.

Selbstliebe hat etwas mit Dankbarkeit zu tun, mit einem tiefen Einverständnis. Jawohl, ich habe dieses Geschenk erhalten. Ich will es lieben sowie mit viel Sorgfalt Unbill und

Leiden fern halten. Sich selbst zu lieben ist das Halleluja unter der Dusche, ist ein Dankesgruß an die Schöpfung. Wer sich selbst nicht liebt, kann auch andere nicht lieben. Wer bei sich das Wunder des Lebens nicht staunend und dankbar erkennt, geht auch mit dem Leben anderer achtlos um. Die Selbstliebe ist die Voraussetzung, um überhaupt lieben zu können. Wenn du das nicht hinkriegst, funktioniert überhaupt nichts.

Gut. Wenn es dich dann gelüstet und du kurz vor der Vollkommenheit stehst, kannst du dein Selbst wieder etwas Größerem opfern, kannst dein Selbst in kleine Fläschchen abfüllen und es unter den Bedürftigen verteilen. Aber wenn du niemals ein Selbst besessen hast, was zum Teufel willst du dann überhaupt verschenken?

Also fang lieber heute als morgen damit an. Mach dir ein Bild davon, wie du gerne sein möchtest, welches Ziel du anpeilen willst. Entwirf Visionen von deinem zukünftigen Leben. Falls dir nichts einfallen sollte, stell dir vor, es käme eine Wunschfee vorbei und sagte: »Du hast drei Wünsche frei!« Schreibe sie schnell auf, lieber zehn Nummern zu groß als eine zu klein. Ein indianisches Sprichwort sagt: »Träum deine Träume groß genug. Bis sie auf der Erde ankommen, sind sie eh kleiner geworden.«

Vielleicht hilft es dir, wenn du dir Vorbilder aussuchst, Frauen, die das umsetzen und das leben, was du ebenfalls möchtest. Falls du noch immer davon träumst, Model zu werden, überdenke dieses Ziel nochmals und korrigiere es möglichst schnell. Damit du die bulimischen Vorbilder aus dem Hirn verjagst, denn sonst findet nichts anderes Platz. Bilder haben eine große Kraft, und es wäre wirklich schade, wenn du dich dank deiner eigenen Vision kotzend über der Kloschüssel wieder fändest.

Visionen und Ziele haben nichts mit Stilberatung zu tun, mit Sommer- und Winterfarben und dergleichen. Es geht hier nicht um die Verpackung, sondern um den Inhalt. Wenn du dich ständig mit kosmetischen Fragen beschäftigst, schrumpft dein Gehirn auf die Größe einer Puderdose zusammen. Das wäre schade! Da wir ohnehin nur ein Drittel unserer Gehirnzellen nutzen, würdest du dich noch freiwillig weiter reduzieren. Entwickle Visionen und Ziele, welche Fähigkeiten und Talente du zur Entfaltung bringen willst. Denn wer sein Ziel nicht kennt, lässt sich leicht für fremde Zwecke einspannen. Wer die eigenen Ziele vergessen hat, hält plötzlich Anliegen anderer für seine eigenen. Wenn du dich nicht auf dich, deine Intelligenz und deine Kreativität zurückbesinnst, kann es sein, dass du denkst, dein Lebensziel bestehe darin, das männliche Auge zu erfreuen und dafür zu sorgen, dass sich die Herren durch dich sexuell ausreichend stimuliert fühlen.

Häng ebenfalls möglichst schnell den Traum vom Prinzen an an den Nagel. Gib die Sehnsucht auf, dass da einer kommt und dich heimführt in sein Schloss. Dies sind keine Ziele, sondern Hirngespinste, die dich von deinen Fähigkeiten ablenken und dich daran hindern, auf dich selbst zu bauen und deine eigene Kompetenz zu erforschen und zu entwickeln.

Versuche möglichst oft, den Ort deiner Mitte in dir aufzusuchen; du weißt, die innere Ofenbank. Wenn du vergessen hast, wie du dahin kommst, richte dich einfach nach den Kieselsteinen, die du überall platziert hast, dann findest du den Weg. Setz dich dann hin. Und lass dich ergreifen vom Wunder, dass du lebst. Breite die Flügel deiner Seele weit aus und lass dich von dem Glücksgefühl durchströmen, endlich in deiner Heimat angekommen zu sein.

Aber vergiss bei all dem Hochgefühl nicht, deine Stromrechnung zu bezahlen, sonst ist es damit bald vorbei. Dem Wunder des Lebens auf der Spur zu sein und es zu genießen heißt nicht, sich von einer esoterischen Welle in die rosa Wolken hinauftragen zu lassen und dabei immer unfähiger zu werden, das Leben zu bewältigen. Im Gegenteil. Je mehr du deine Mitte erspüren kannst, umso klarer werden dir deine Aufgaben, die du immer besser zu meistern in der Lage bist. Und falls du zufällig gerade von Sozialhilfe lebst, dann kneif dich in den Hintern und lass dir etwas einfallen, das dich wieder aus dieser Abhängigkeit herausbringt. Es ist unter deiner Würde. Du hast alles, was nötig ist, um selbstverantwortlich und selbstbestimmend dein Leben zu gestalten. Solange du dich von Vater Staat unterstützen lässt, bist du voll und ganz das unmündige Kind eines patriarchalen Systems.

Und wenn es im Moment nicht anders geht, als sich subventionieren zu lassen, weil du drei kleine Kinder hast und der Erzeuger über alle Berge auf und davon ist, dann schick wenigstens, wenn du gerade auf einer Bank beim Kinderspielplatz sitzt, ein paar stille Worte des Dankes an die vielen Menschen, die für dich die Arbeit leisten und dir dieses Leben ermöglichen, statt unentwegt darüber zu grübeln, wie du noch ein paar zusätzliche Rubel aus einer Versorgungsinstitution herauspressen könntest. Übrigens ist Vater Staat längst pleite. Es ist nur noch eine Frage der Zeit. Sieh dich also vor. Mache dich auf die Socken. Und wenn du nicht weißt, wohin, dann sprich mit anderen Frauen darüber, die auch nicht wissen, wo es langgeht. Aber irgendeine von ihnen wird eine verdammt gute Idee haben und wird in dir den Funken entzünden. Denn eines ist sicher: Es gibt nichts Schöneres, als selbst zu bestimmen, wohin die Reise gehen soll.

Es gibt nichts Aufregenderes, als sich selbst zu entdecken und seine Fähigkeiten, Begabungen und Talente zu entfalten. Du stehst plötzlich vor einer Schatulle voller Juwelen und bist erschüttert, dass du völlig vergessen hast, welcher Reichtum dir zur Verfügung steht. Nütze ihn! Frage dich, was dein Gemüt in Schwingung bringt, was dein Herz erfreut, was deine Seele öffnet. Und dann versuch den schöpferischen Impuls, gekoppelt mit der vorwärts strebenden Energie, umzusetzen. Und gib nicht eher auf, bis du eine Ausdrucksmöglichkeit dafür gefunden hast.

Zum Schluss will ich dir Worte von Nelson Mandela mit auf den Weg geben. Lass dich davon inspirieren, nimm, was du als Kraftspender brauchen kannst, den Rest lass einfach links liegen:

> »Unsere tiefste Angst ist nicht,
> dass wir ungenügend sind.
> Unsere tiefste Angst ist,
> dass wir über alle Maßen kraftvoll sind.
>
> Es ist unser Licht – nicht unsere Dunkelheit,
> was uns am meisten erschreckt.
> Wir fragen uns: Wer bin ich,
> um brillant, großartig, talentiert
> und kraftvoll zu sein?
> Frage dich lieber:
> Was machst du eigentlich,
> um all das nicht zu sein?
>
> Du bist ein Kind Gottes.
> Dein zögerliches Spiel hilft der Welt nicht.
> Es wird nichts erhellt,
> wenn du dich kleiner machst,
> damit sich andere nicht verunsichert fühlen.
>
> Wir wurden geboren,
> um den Glanz Gottes,
> der in uns ist,
> offenkundig zu machen,
> Dieses Licht, das in allen von uns ist.

Und wenn wir es leuchten lassen,
geben wir anderen die Erlaubnis,
dasselbe zu tun.«

Also, liebe deinen Nächsten wie dich selbst, dann kann nichts schief gehen. Die Selbstliebe lehrt dich deinen eigen Wert zu schätzen. Und wenn du das begriffen hast, dann erblüht dir ein wundervolles Selbstbewusstsein, an dem du dich und alle anderen sich erfreuen werden.

ANMERKUNGEN

1 Christa Mulack, *Das Mädchen ohne Hände: Wie eine Tochter sich aus der Gewalt des Vaters befreit*, Kreuz, Zürich 1995

2 Renate Daimler, *Diana und Sisi*, Deuticke, Wien 1998

3 Carola Stern, Fritzi Massary: *Die Sache, die man Liebe nennt*, Rowohlt, Berlin 1998

4 Simone de Beauvoir, *Das andere Geschlecht*, Rowohlt, Reinbek 1992

5 *Der Spiegel*, Nr. 25/1999

6 Richard Fester/Marie E. P. König/Doris F. Jonas/A. David Jonas, *Weib und Macht: Fünf Millionen Jahre Urgeschichte der Frau*, Fischer, Frankfurt/M. 1979
Gerda Lerner, *Die Entstehung des Patriachats*, Campus, Frankfurt/M.; New York 1991
Carola Meier-Seethaler, *Ursprünge und Befreiungen: Eine dissidente Kulturtheorie*, Arche, Zürich 1988
Uwe Wesel, *Der Mythos vom Matriachat: Über Bachofens Mutterrecht und die Stellung der Frauen in frühen Gesellschaften vor der Entstehung staatlicher Herrschaft*, Suhrkamp, Frankfurt/M. 1980

7 Diese Zahlen wurden von der Weltgesundheitsorganisation (WHO) ermittelt.
Quelle: Intact (Internationale Aktion gegen die Beschneidung von Mädchen und Frauen), Saarbrücken

8 Hildegard von Bingen, *Das feurige Werk der Erlösung*,
  Otto Müller, Salzburg 1958
  -, *Gott sehen*, Piper, München 1995
  -, *Heilen mit der Kraft der Seele: Die Psychotherapie der Hildegard von Bingen*, Freiburg 1993

9 Erich Fromm, *Überdruß und Überfluß*, Auditorium, Sechs
  Vorlesungen, Audiokassetten; Bezugsquelle: Media Didacta
  Verlag, Postfach 1314, CH-8580 Amriswil;
  E-mail: media-didacta@bluewin.ch

10 Julia Onken, *Die Kirschen in Nachbars Garten*, C. Bertelsmann,
   München 1997

11 Senta Troemel-Ploetz (Hrsg.), *Gewalt durch Sprache*, Fischer,
   Frankfurt/M. 1984

12 Wilhelm Arnold (Hrsg.), *Lexikon der Psychologie*, Bechtermünz,
   Augsburg 1996

13 Weltjugendtag in Paris 1998

14 Holdger Platta, *Identitäts-Ideen: Zur gesellschaftlichen Vernichtung
   unseres Selbstbewußtseins*, Psychosozial-Verlag, Gießen 1998

15 Claudia Bepko/Jo Ann Krestan, *Das Superfrauen-Syndrom:
   Vom weiblichen Zwang, es allen recht zu machen*, Fischer,
   Frankfurt/M. 1994
   Bärbel Wardetzki, *Weiblicher Narzißmus: Der Hunger nach
   Anerkennung*, Kösel, München 1991

16 Herman Weidelener, *Lebensdeutungen aus der Weisheit der Sprache*,
   Augsburg 1984; Bezugsquelle: Religionsphilosophische
   Arbeitsgemeinschaft, Bismarckstr. 6, 86159 Augsburg

17 Rose Menzer/Arnold Mußhake, *Das Wort als Lebensquelle*,
   Augsburg 1997; Bezugsquelle: Studio für Sprachbildung und
   Sprachtherapie, Bismarckstr. 6, 86159 Ausburg

18 Luise F. Pusch, *Schwestern berühmter Männer*, Insel,
Frankfurt/M. 1985
–, *Töchter berühmter Männer*, Insel, Frankfurt/M. 1988

19 Ruth Schmid-Heinisch, *Umbruch – Wechsel – Neue Chancen*,
Referat zu einer Pressekonferenz vom 11. 10. 1995

20 Inge Stephan, *Eroberung des Mutterlandes: Zur Entmythologisierung
Sigmund Freuds in zwölf Traum-Porträts*, Vorlesung im Winter-
semester 95/96 an der Humboldt-Universität, Berlin, Auditorium; Bezugsquelle: Media Didacta Verlag, Postfach 1314,
CH-8580 Amriswil; E-mail: media–didacta @ bluewin.ch

21 Erich Fromm, *Psychologie für Nichtpsychologen*, Vorlesung auf
Audiokassette, Auditorium; Media Didacta Verlag, Postfach
1314, CH-8580 Amriswil; E-mail: media–didacta@bluewin.ch

22 Virginia Satir/Paula Englander-Golden, *Sei direkt: Der Weg zu
freien Entscheidungen*, Junfermann, Paderborn 1994

23 Nicky Marone, *Gute Väter – Selbstbewußte Töchter: Die Bedeutung
des Vaters für die Erziehung*, Krüger, Frankfurt/M. 1992
Julia Onken, *Vatermänner: Ein Bericht über die Vater-Tochter-
Beziehung und ihren Einfluß auf die Partnerschaft*, C. H. Beck,
München 1994
Hildegunde Wöller, *Vom Vater verwundet: Töchter der Bibel*, Kreuz,
Stuttgart 1991

24 Sigmund Freud, *Das Ich und die Abwehrmechanismen: Vorlesung und
Einführung in die Psychoanalyse (1916/17)*, aus: Ges. Werke (hrsg.
von Anna Freud), Bd. 11, Fischer, Frankfurt/M. 1952

25 Ute Schaub, »Die Gouvernante«, *Taz* vom 30. 4. 1999

26 Erich Fromm, *Psychologie für Nichtpsychologen*, Vorlesung auf
Audiokassette, Auditorium; Bezugsquelle: Media Didacta Verlag,
Postfach 1314, CH-8580 Amriswil;
E-mail: media–didacta@bluewin.ch

27 Pia Faller, »Frauen und Geld – eine sichere Verbindung«,
Für Sie Nr. 22/1999

28 Bascha Mika, *Alice Schwarzer: Eine kritische Biographie*, Rowohlt,
Reinbek 1998

29 Elke Schubert (Hrsg.), *Wenn Frauen zu sehr schreiben...: Einige
bescheidene Einwände gegen das Geschäft mit der starken Frau*,
Tiamat, Berlin 1998

30 Christa Mulack, *Die Wurzeln weiblicher Macht: Frauen leben ihre
Stärke*, Kösel, München 1996

31 Verena Kast, *Die beste Freundin: Was Frauen aneinander haben*,
Kreuz, Stuttgart 1992

32 Mathias Jung, *Das sprachlose Paar: Wege aus der Krise*, emu,
Lahnstein 1996
Friedemann Schulz von Thun, *Miteinander reden*, Rowohlt,
Reinbek 1981
Michael Lukas Moeller, *Die Wahrheit beginnt zu zweit: Das Paar
im Gespräch*, Rowohlt, Reinbek 1988

33 George Walther, *Sag, was du meinst, und du bekommst, was du
willst*, Econ, Düsseldorf 1995

34 Richard Bandler/John Graider, *Reframing: Ein ökologischer Ansatz
in der Psychotherapie (NLP)*, Junfermann, Paderborn 1985

35 Inge Stephan, *Das Schicksal der begabten Frau: Im Schatten
berühmter Männer*, Kreuz, Stuttgart 1989

36 Benita Cantieni, *Tiger Feeling garantiert*, Verlag Gesundheit,
Berlin 2000

37 Gabriele Rico, *Von der Seele schreiben: Im Prozeß des Schreibens
den Zugang zu tiefverborgenen Gefühlen finden*, Junfermann,
Paderborn 1999

PERSONENREGISTER

SACHREGISTER

Informationen über Vorträge
und Seminare der Autorin
in Deutschland,
Österreich
und der Schweiz:

Frauenseminar Bodensee

Postfach 226, Bahnhofstrasse 4
CH-8590 Romanshorn

Tel. 0041 – 71 – 411 04 04
Fax 0041 – 71 – 411 04 05

E-Mail:
sekretariat@frauenseminar-bodensee.ch
www.frauenseminar-bodensee.ch
www.julia-onken.ch

JULIA ONKEN

15133

15026

12741